Karl Heinen

Der unverfügbare Gott
Das Buch Ijob

Verlag Katholisches Bibelwerk GmbH
Stuttgart

Stuttgarter Kleiner Kommentar

– Altes Testament 18 –

Herausgegeben von
Gabriele Miller und Franz Josef Stendebach

CIP-Kurztitelaufnahme der Deutschen Bibliothek

Stuttgarter kleiner Kommentar. –
Stuttgart: Verlag Katholisches Bibelwerk

Altes Testament / hrsg. von Gabriele Miller u. Franz Josef Stendebach

NE: Miller, Gabriele [Hrsg.]

18. → Heinen, Karl: Der unverfügbare Gott

Heinen, Karl:
Der unverfügbare Gott: d. Buch Ijob / Karl Heinen – 2. Aufl. –
Stuttgart: Verlag Katholisches Bibelwerk, 1983.
(Stuttgarter kleiner Kommentar: Altes Testament; 18)
ISBN 3-460-05181-7

Mit kirchlicher Druckerlaubnis

Druck: SV-Druck, Ostfildern

Inhalt

Einleitung

Ein biblisches Buch von literarischem Rang

Das Buch Ijob zählt zu den großen Werken der Weltliteratur. In der literarischen Rangordnung steht es neben Dantes Göttlicher Komödie, Goethes Faust und Miltons Verlorenem Paradies. Was macht die Größe dieses alttestamentlichen Buches aus? Ist es die kraftvolle Sprache? Sind es die dichterischen Formulierungen? Ist es der dramatische Aufbau? Gewiß, dies alles hat den literarischen Stellenwert des Buches mitbestimmt. Der eigentliche Grund für seine Wertschätzung dürfte jedoch anderswo liegen. Es ist der Inhalt des Buches Ijob, der die Menschen in seinen Bann schlägt.

Ijob

Das Buch trägt den Namen seiner Hauptgestalt. Seit der Bibelübersetzung Martin Luthers hat sich im deutschen Sprachraum die Namensform *Hiob* eingebürgert. Im Hebräischen lautet der Name *ijjob*. Die neue Schreib- und Sprechweise *Ijob* bringt stärker als Hiob oder Job die hebräische Namensform zu Geltung.

Der Aufbau

Das Buch Ijob gliedert sich in die Ijob*erzählung* und die eigentliche Ijob*dichtung*. Die Erzählung in Prosa bildet als Prolog (1,1–2,13) und Epilog (42,7–17) den Rahmen der Dichtung. Sie wird kurz *Rahmen*erzählung genannt. Die Dichtung, die den Hauptteil des Buches ausmacht, umfaßt das Gespräch Ijobs mit seinen Freunden (3,1–27,23), die Herausforderungsreden Ijobs (29,1–31,40), die Gottesrede und Ijobs Antwort (38,1–42,6). Größere Texteinheiten, die später eingefügt wurden, sind das Lehrgedicht über die Weisheit (28,1–28), die Reden des Elihu (32,1–37,24) und Teile der Gottesrede (39,13–18; 40,15–41,26). Hinzukommt eine Reihe kleinerer Texteinschübe.

Die Rahmenerzählung

Sie ist mehr als eine „Vor-“ und „Nachrede“ zum Ijobdrama. Es liegt eine wirkliche Erzählung vor. Dennoch verläuft sie nicht geradlinig. So kommen die Verwandten Ijobs, die ihn trösten und unterstützen wollen (42,11), im Jetzttext zu spät, denn sein Schicksal wurde bereits zum Guten gewendet (42,10). Auch scheinen die Verwandten nur von Ijobs Unglück, nicht aber von seiner Erkrankung zu wissen. Sie speisen mit ihm „in seinem Haus“ (42,11), wo er doch von aussatzähnlicher Krankheit geschlagen „mitten in der Asche“ (2,8) saß. Während im Prolog der Satan die Schicksalsschläge Ijobs verursacht, werden diese im Epilog ausdrücklich auf Jahwe zurückgeführt (42,11). Wie ein Wandgemälde, das später teilweise übermalt und verändert wurde, so hat man auch die Ijoberzählung überarbeitet, bevor sie ihre Jetztgestalt erhielt. Die widersprüchlichen Angaben bieten uns sichere Anhaltspunkte, um eine jüngere Erzählschicht von einer älteren abzuheben. Für die ältere Schicht bleibt folgender Textbestand: 1,1–5. 13–22; 42,11–15. Wir nennen sie Grunderzählung. Die jüngere Schicht hat die Grunderzählung um folgende Texte erweitert: 1,6–12; 2,1–13; 42,7–10.16f. Wir nennen sie Erweiterung.

Die Grunderzählung und ihr Inhalt

Die Grunderzählung stellt Ijob als frommen und gottesfürchtigen Mann vor (1,1). Seine Gerechtigkeit muß sprichwörtlich gewesen sein (vgl. Ez 14, 14.20). Ihn trifft schweres Unglück. Er verliert seine Kinder und all seinen Besitz. Er lehnt sich nicht auf, sondern segnet Gott, der ihn ins Unglück gestürzt hat: „Der Herr hat gegeben, der Herr hat genommen; gelobt sei der Name des Herrn“ (1,21). Der fromme und gerechte Ijob hat sich im Leid bewährt. Dafür wird er von Gott reichlich belohnt (42,12f).
Das ist die älteste Gestaltung des Ijobthemas innerhalb des Alten Testaments. Sie berührt sich in vielem mit ähnlichen Texten aus Israels Umwelt. Erst seit kurzem kennen wir eine auffallende Parallele aus der sumerischen Literatur des ausgehenden dritten Jahrtausends. Der „Sumerische Ijob“ berichtet von einem namenlosen Mann, der ohne Grund vom Schicksal schwer geschlagen wurde. Er begehrte nicht auf, sondern wandte sich klagend und bittend an seinen Gott, der ihn aus der Not errettete und ihm ein neues Leben ermöglichte.
Das Schicksal des frommen und gerechten Ijob wurde nicht absichtslos weitererzählt. Die Zuhörer sollen aufgefordert und ermutigt werden, sich im Leid ebenso wie Ijob zu verhalten. Die Grunderzählung ist eine Lehrerzählung aus vorexilischer Zeit.

Die Erweiterung der Ijoberzählung

Die Grunderzählung wußte von Ijobs Frömmigkeit und Bewährung im Unglück zu berichten. Die jüngere Schicht der Rahmenerzählung sagt das noch eindrucksvoller. Gott selbst bezeugt Ijobs Frömmigkeit und Gottesfurcht (1,8; 2,3). Zu dem Verlust der Kinder und seines Besitzes kommt noch das Unheil der Krankheit, die ihn in seiner Person trifft (2,7). Das eigentliche Thema der Erweiterung ist Ijobs Prüfung. Wenn er im Widerspruch zu der allgemein vertretenen Auffassung vom Glück des Frommen leiden muß, dann soll dadurch die Lauterkeit seiner Frömmigkeit offenbar werden. Der Satan, der als himmlischer Ankläger der Menschen vor Gott auftritt, hatte sie angezweifelt (1,9). Gott gibt Ijob in die Hand Satans, damit er ihn prüft.
In Sach 3,1 übt der Satan eine ähnliche Funktion aus wie im Ijobprolog. Sach 3,1ff läßt sich mit ziemlicher Sicherheit in das Jahr 519 v. Chr. datieren. Um diese Zeit dürfte die jüngere Schicht der Ijoberzählung entstanden sein.

Die Ijobdichtung

Die Gestalt des Ijob verbindet Rahmenerzählung und Dichtung miteinander. Dennoch ist es nicht derselbe Ijob. Der aufbegehrende Rebell der Dichtung steht im krassen Gegensatz zu dem gottesfürchtigen Dulder der Erzählung. Das Problem des leidenden Gerechten wurde ebenfalls aus der Ijoberzählung übernommen. Vor dem Hintergrund der weisheitlichen Vergeltungslehre wird dieses zum Thema der Ijobdichtung.
Die Freunde Ijobs vertreten die herkömmliche Weisheitslehre. Für sie steht fest, daß zwischen dem Tun des Menschen und seinem Ergehen ein Zusammenhang besteht. Mehr noch: Gott selbst garantiert als der gerechte Richter die Entsprechung von Tun und Ergehen. Wenn Ijob statt des erwarteten Glücks Unglück widerfährt, dann muß er ein Sünder sein. Die Schlußfolgerung der Freunde scheint unanfechtbar. Dennoch widerspricht Ijob. Er ist sich keiner Schuld bewußt, die dem Unglück entspricht, das ihn getroffen hat. Lehre und Wirklichkeitserfahrung klaffen auseinander. Ijob und seine Freunde reden aneinander vorbei. Es gelingt ihm nicht, die Freunde von ihrem Vorurteil abzubringen. Deshalb appelliert Ijob an Gott, damit dieser vor allen Menschen seine Unschuld feststellt. Ist Ijob aber unschuldig, dann kann Gott, der das Gute belohnt und das Böse bestraft, nicht gerecht handeln. Sein Zorn muß an die Stelle seiner Gerechtigkeit getreten sein. Er befeindet Ijob und will seinen Untergang. Ijob findet sich damit nicht ab. Er fordert von Gott eine Unschuldserklärung und seine Wiederherstellung.

Die Gottesrede erklärt zwar nicht vor aller Welt, daß Ijob unschuldig ist. Auch wird das Problem des leidenden Gerechten nicht gelöst. Wohl aber erhält Ijob eine Antwort, mit der er leben kann, auch wenn seine äußere Situation unverändert bleibt.
Die Lehre vom Tun-Ergehen-Zusammenhang verleiht dem Ijobproblem seine unüberbietbare Schärfe. Andererseits weist die Ijobdichtung darauf hin, daß die Wirklichkeit diese Lehre widerlegt. Gott läßt sich nicht durch ein System festlegen. Er ist frei und unverfügbar. Mit dieser Einsicht gibt der Ijobdichter der Weisheitslehre, die ihm vertraut war, den Abschied. Seine kritische Weltsicht rückt ihn in die Nähe des Predigers. Überdies spricht sein Wortschatz für die Entstehung seines Werkes im 5./4. Jahrhundert v. Chr.

Rahmenerzählung und Ijobdichtung

Die Einfügung der Ijobdichtung in die viel ältere Ijoberzählung stellt uns vor die Frage, ob die Dichtung im Blick auf die Erzählung ausgelegt werden muß oder ob die Dichtung als eigenständige Größe zu betrachten ist. Beide Auffassungen werden vertreten. Wenn in der folgenden Auslegung die Dichtung als eigenständige Größe verstanden wird, dann geschieht dies aus der Überzeugung, daß die Unterschiede zwischen Dichtung und Erzählung zu groß sind, „als daß beide wirklich zusammengesehen werden könnten“ (G. v. Rad).

Auslegung

I. Der Prolog (1,1-2,13)

Der Prolog gliedert sich in sechs Szenen, die abwechselnd auf der Erde und im Himmel spielen.

Ijobs Rechtschaffenheit und Glück (1,1–5)

Die Ijoberzählung beginnt mit einer stilistischen Überraschung. Die im Hebräischen übliche Wortfolge ist umgekehrt: „Ein Mann war im Lande Uz ...“ Auf diesen Mann lenkt die Erzählung von Anfang an die ganze Aufmerksamkeit. Auf ihn kommt es ihr an. Die Angaben zu seiner Person sind sehr knapp. Seine Heimat Uz liegt irgendwo im nördlichen Ostjordanland. Dort jedenfalls hat der biblische Erzähler sie vermutet (1,3). Wann er lebte, wird nicht gesagt. Sein Lebensstil erinnert an den der Patriarchen. Sein Reichtum wird wie der Isaaks beschrieben (vgl. Gen 26,13f). Der Name Ijob war im Alten Orient des zweiten Jahrtausends geläufig. Erst später wurde Ijob zum Symbol für den in seinem Gottesglauben angefochtenen Menschen. Mehr als Name und Herkunft interessiert den Erzähler das Charakterbild Ijobs. Das erste Wortpaar kennzeichnet Ijob als einen Menschen, dessen Haltung und Tun übereinstimmen. Die existentielle Ganzheit wird mit dem zweiten Wortpaar religiös und ethisch bestimmt. Gottesfurcht meint nicht Angst vor Gott, sondern die Verehrung Jahwes als Gott. Aus ihr erwächst dem Menschen die Kraft, das Böse zu meiden.

Es entspricht der weisheitlichen Lebensauffassung, wenn es dem gerechten und gottesfürchtigen Ijob gut geht. Zuerst wird die große Kinderzahl genannt. Sieben und drei sind Symbolzahlen. Sie sind Ausdruck des Vollkommenen und wollen sagen, daß Ijob rundum glücklich war. Bei dem nach Tausenden zählenden Viehbestand wollen sie den sagenhaften Reichtum Ijobs dartun. Die Art des Besitzes läßt an Ijob als einen Bauern denken, der an der Grenze vom Kulturland zur Steppe wohnt.

Ijobs Reichtum und Glück spiegelt sich im Leben seiner Kinder. Fröhlich und unbeschwert feiern die Söhne reihum ihre Feste, an denen jeweils die übrigen Geschwister teilnehmen. Ijob ist besorgt, seine Kinder könnten während des

Feierns Gott vergessen, ihr Herz von ihm abgewandt haben. Deshalb bringt er Opfer dar, um das eventuell gestörte Gottesverhältnis wiederherzustellen. Es spricht ganz für die alte Zeit, wenn die Familie als Kultgemeinde verstanden wird und der Vater priesterliche Funktionen ausübt.

Satans Zweifel und Gottes Erprobungsbeschluß (1,6–12)

Der Schauplatz wechselt von der Erde zum Himmel, wo Jahwe Hoftag hält. Wie der kanaanäische Gott El ist Jahwe von Gottessöhnen umgeben. Die Vorstellung von Gottessöhnen findet sich auch sonst im Alten Testament (vgl. Gen 6,2). In Ps 82,6 werden sie „Söhne des Höchsten" und in Ijob 5,1 „die Heiligen" genannt. Der israelitische Erzähler achtet darauf, sie nicht mit Jahwe auf eine Stufe zu stellen. So spricht er nie von Söhnen Jahwes. Für ihn sind die Gottessöhne himmlische Wesen, die ihren Dienst vor Jahwe tun. Zu ihnen gehört der Satan, dem die Oppositionsrolle in der himmlischen Ratsversammlung zukommt. Seine Aufgabe ist es, Einspruch gegen Gottes Handeln zu erheben, wenn ihm dieses nicht gerechtfertigt erscheint. Erst viel später wurde Satan zum Eigennamen (1 Chr 21,1) und zum Bösen in Person. Die Aufgabe des Satans bringt es mit sich, daß er sich viel auf der Erde aufhält, um das Leben und Treiben der Menschen zu beobachten. Die Frage Jahwes an den Satan bringt das Gespräch auf Ijob, das aus dem übrigen Geschehen ausgeblendet wird und von jetzt an die Szene beherrscht. Ijob steht in den Augen Gottes einmalig da. Er nennt ihn „meinen Knecht" und stellt ihn damit in eine Reihe mit den großen Gestalten des Alten Testaments wie Abraham (Gen 26,24) und David (2 Sam 7,5). Jahwe bestätigt ausdrücklich, was in 1,1 über Ijob gesagt worden war: seine religiöse und ethische Ganzheit. Hat Gott recht, wenn er Ijob rühmt? Der Satan meldet Zweifel an. Er setzt ein Fragezeichen hinter Ijobs Frömmigkeit. Gewiß, auch er muß zugeben, daß Ijob fromm und gottesfürchtig lebt. Was aber steht hinter dieser Frömmigkeit? Dient Ijob Gott „ohne Grund", uneigennützig, umsonst, nur weil Gott Gott ist? Oder ist er nur deshalb fromm, weil ihm das Reichtum, Macht und Ehre einbringt? Wie wäre es, wenn Gott ihn an Armut, Krankheit und Tod ausliefern würde? Dann käme Ijobs wahre Gesinnung an den Tag. Jahwe nimmt die Herausforderung des Satans an. Er darf Ijobs Frömmigkeit testen. Alles darf er ihm nehmen. Nur Ijob selbst muß er schonen.

Ijob verliert seinen Besitz und seine Kinder (1,13–22)

Die dritte Szene knüpft an die erste an. Die Kinder Ijobs beginnen eine neue Reihe von Festen. Es herrscht eine Atmosphäre unbeschwerter Fröhlichkeit.

Da geschieht es. Eine Kette von Schicksalsschlägen setzt Ijobs Glück ein Ende. Von dem Unglück, das an verschiedenen Orten hereinbricht, erfährt Ijob durch Boten, die ihren Bericht mit dem Refrain schließen: „Ich ganz allein bin entronnen, es dir zu berichten". Der Botenbericht ermöglicht es, die Ereignisse in rascher Folge darzustellen. Dadurch wird ihre unerbittliche Härte ins Unheimliche gesteigert. Schlagartig wird Ijob genommen, was das Leben lebenswert macht.

Die erste „Hiobsbotschaft" berichtet von einem Überfall der Sabäer. Die Sabäer waren Beduinen der arabischen Wüste. Auf einem ihrer Raubzüge erbeuteten sie Ijobs Rinder und Eselinnen und vernichteten seinen landwirtschaftlichen Besitz. Das zweite Unglück trifft Ijobs Hirten und Herden. Blitze – das Gottesfeuer – zuckten vom Himmel und verbrannten sie. Die Kaldäer, Beduinen der syrischen Wüste, überfielen Ijobs Kamelherden. Sie stahlen die Kamele und erschlugen die Kameltreiber. Dann trifft die schrecklichste Nachricht ein. Ein Wirbelsturm hatte sich über der angrenzenden Wüste erhoben. Er fegte daher und riß das Haus ein, in dem Ijobs Kinder ein Fest feierten. Seine Söhne und Töchter kamen um.

Die Unglücksschläge treffen Ijob, ohne daß er um ihren Sinn weiß. Mit keinem Wort wird gesagt, daß sie im Himmel beschlossen und von dem Satan ausgeführt wurden. Es entspricht der Grunderzählung (s. Einführung), wenn sie als Fügungen Gottes dargestellt und von Ijob so verstanden werden. Alles spitzt sich auf die Frage zu, wie Ijob sich in der Grenzsituation, in die er gestoßen wurde, verhalten wird. Gemäß der Sitte seiner Zeit (vgl. Gen 37,34) bringt er zunächst seine Selbstminderung zum Ausdruck. Anbetend beugt er sich vor Gott. Dann findet er von der stummen Gebärde zum Wort. Illusionslos stellt er die Anfangs- und Endsituation des Menschen fest. Nackt, das heißt ohne Besitz, entläßt der Mutterschoß den Menschen in die Welt, und ebenso kehrt er in den Schoß der Mutter Erde zurück. Im Munde des Mannes, der Schweres erlitten hat, mutet dieses Wort wie müde Resignation an. Aber es ist nicht das Letzte, was Ijob zu sagen hat. Was er immer geglaubt hat, das ist ihm im Unglück neu bewußt geworden: Gott ist der Herr. Er ist der Geber aller Gaben, und er hat das Recht, sie zurückzunehmen. Der Mensch hat vor ihm keinen Rechtsanspruch auf Glück. Sein letztes Wort ist ein Lobpreis, der Gott als Herrn anerkennt. Ijobs Glaube hat sich in der Anfechtung bewährt.

Erneuter Beschluß der Erprobung Ijobs (2,1–6)

Die vierte Szene schildert nicht nur denselben Vorgang wie die zweite, sie tut dies weithin auch mit denselben Worten. Dennoch fehlt es nicht an neuen Ge-

sichtspunkten, die das Geschehen vorantreiben. So hebt sich die Feststellung Gottes, daß Ijob trotz der Anfechtung an seiner Frömmigkeit, wörtlich Ganzheit, festhalte, von dem gleichbleibenden Erzählhintergrund ab. Das Ergebnis der Erprobung hat gezeigt, daß Ijob „ohne Grund" ins Verderben gestürzt wurde. Der Argwohn des Satans, Ijob sei nicht „ohne Grund" fromm und gottesfürchtig, wurde widerlegt. Das grundlose Tun Gottes wirft allerdings die Frage nach dem Warum des göttlichen Handelns auf. Der Ijob der Dichtung wird sie aufgreifen und um eine Antwort ringen.
Der Satan gibt sich nicht geschlagen. Er kennt den Menschen zu gut. Das bisherige Verhalten Ijobs hat nur die Erfahrung bestätigt, daß der Mensch alles, seinen Besitz und selbst seine Kinder hergibt, um sein Leben zu retten. Er begründet seine Behauptung mit dem Sprichwort „Haut um Haut!", das dem Tauschhandel der Beduinen entstammt. Eine Tierhaut wird gegen eine gleichwertige eingetauscht. Ijob hat sein Hab und Gut für sein Leben gegeben und dabei ein gutes Geschäft gemacht. Der Satan schlägt deshalb eine Erprobung vor, die Ijob ans Leben geht, Gott soll ihn mit Krankheit schlagen. Dann erst werde sich der wahre Ijob zeigen. Trotz der Aussage in 2,3 stimmt Jahwe der erneuten Erprobung zu. Mit der Einschränkung, sein Leben zu schonen, liefert er Ijob dem Satan aus.

Ijob wird mit Krankheit geschlagen (2,7–10)

Die fünfte Szene verlegt den Schauplatz wieder auf die Erde. Der Satan geht sofort ans Werk. Was anderwärts der Gottesbote (Ex 12,23), ja Jahwe selbst tut (Ex 11,4), das wird hier von dem Satan ausgeführt: er schlägt Ijob mit „bösartigem Geschwür". Was verbirgt sich hinter dieser Krankheitsangabe? Das Krankheitsbild, das der Ijobdichter skizziert, läßt an Aussatz denken. Der Aussätzige siecht dahin (7,3) und stirbt einen qualvollen Tod. Aber gerade das soll nach der Ijoberzählung (2,6) nicht eintreten. Die schmerzlich juckenden Geschwüre (2,8) und das entstellte Aussehen (2,12) weisen auf eine schwere Hauterkrankung hin, die jedoch nicht tödlich verläuft. Wie das Unglück bei der ersten Erprobung, so trifft die Krankheit Ijob mit voller Wucht. Schlagartig ist sein ganzer Körper eine einzige eitrige Wunde. Als Zeichen der Buße und Erniedrigung setzt Ijob sich in die Asche. Die Übersetzung der Griechischen Bibel ergänzt „außerhalb der Stadt". Eine Absonderung des Kranken war nicht nur bei unheilbarem Aussatz, sondern auch bei aussatzähnlichen Erkrankungen üblich (vgl. Lev 13,46).
Wieder folgt der stummen Gebärde das Wort. Ijobs Frau tritt auf und provo-

ziert Ijob. Angesichts der verzweifelten Lage wendet sich Jahwes Feststellung von Ijobs Treue (2,3) zur Frage und zum Vorwurf. Da Ijob Besitz und Gesundheit verloren hat, soll er auch das Letzte aufgeben: seine Treue zu Gott. Seine Frömmigkeit hat nicht gebracht, was man von ihr erwartete. Deshalb der Rat, Gott abzusagen, damit er bald sterbe und von seinem Leiden erlöst werde. Mit diesem Ansinnen hat Ijobs Frau die Rolle des Satans übernommen, der von Anfang an alles auf den Abfall Ijobs von Gott angelegt hatte. Der Satan selbst ist von der Bühne abgetreten. Ijob weist seine Frau wegen ihrer Redeweise zurecht. In dem hebräischen Ausdruck „Törin“ schwingt die Bedeutung „gottlos“ mit. Wenn sie ihrem Mann rät, von Gott abzufallen, dann redet sie wie eine Gottlose. In der Gegenfrage tut Ijob seine Bereitschaft kund, alles von Gott anzunehmen, selbst das Übel. Die Schlußbemerkung des Erzählers faßt das Ergebnis der zweiten Erprobung zusammen: Ijob sündigte nicht. Sein äußeres Verhalten ist Ausdruck seiner inneren Haltung. Ijob hat die existentielle Ganzheit seines Gottesverhältnisses aller Anfechtung zum Trotz durchgehalten.

Der Besuch der Freunde (2,11–13)

Der Prolog schließt mit einer kurzen Szene. Sie leitet von der Rahmenerzählung zur Ijobdichtung über. Die Teilnehmer des nun folgenden Gesprächs werden vorgestellt. Elifas stammt aus Teman in Edom (Gen 36,4). Name und Herkunft des Bildad weisen auf das Gebiet am mittleren Eufrat. Der Name Zofar kommt als Ortsbezeichnung in der Gegend des Libanon vor. Wichtiger als eine genaue Angabe des Heimatortes scheint dem Erzähler ihre Herkunft aus Ländern, die wegen ihrer weisheitlichen Welt- und Lebensauffassung bekannt waren (vgl. Jer 49,7). Die Freunde erfahren von Ijobs Geschick. Wie, wird nicht gesagt. Sie vereinbaren, ihn gemeinsam zu besuchen. Ihr Mitgefühl soll ihn aufrichten, ihr Trost ihn wieder aufatmen lassen. Von weitem sehen sie ihn auf dem Schutthaufen sitzen. Die Krankheit hat ihn bis zur Unkenntlichkeit entstellt. Angesichts der Leidensgestalt brechen sie in lautes Weinen aus und üben Trauerbräuche. Wortlos setzen sie sich zu Ijob. Das schweigende Mitgefühl hilft dem Leidenden mehr als wortreiches Trösten. Andererseits steigert die stumme Anwesenheit der Freunde den Leidensdruck Ijobs ins Unerträgliche.

II. Der erste Redegang (3,1-11,20)

Die Auseinandersetzung Ijobs mit den Freunden (3,1–27, 23) gliedert sich in drei Redegänge. In jedem Redegang folgt auf eine Rede Ijobs jeweils die Antwort eines Freundes, und zwar in der Reihenfolge Elifas, Bildad, Zofar.

Die erste Rede Ijobs (3,1–26)

Das Gespräch beginnt mit einer Selbstverwünschung Ijobs (3,1–10). Das leidvoll-sinnlose Leben läßt Todessehnsucht aufkommen (3,11–19) und das Leben als Zumutung erfahren (3,20–26).

Ijob verflucht seinen Lebensanfang (3,1–10)

Mit einem Schrei der Verzweiflung endet das siebentägige Schweigen. Der Mensch, der hier aufschreit, ist ein anderer als der Dulder des Prologs. Der Ijob der Dichtung gehört einer Generation an, die sich nicht mehr von einem fraglosen Glauben getragen weiß. Die herkömmliche Antwort auf die Frage nach dem Leid hilft Ijob nicht, sein Schicksal zu verstehen und zu bewältigen. Dem leidvollen Leben kann er keinen Sinn mehr abgewinnen. Er wünscht deshalb, es möge ausgelöscht werden. Mit einem wirkmächtigen Fluch will er den Tag seiner Geburt und die Nacht seiner Empfängnis vernichten (3,3), denn sie haben sein Werden und seinen Eintritt in die Welt, in der ihn nur Mühsal erwartete, nicht verhindert (3,10). Die Ausführung des Fluches wird mit mythologischen Vorstellungen umschrieben. Alles läuft darauf hinaus, daß die Chaosmächte (Finsternis, Dunkel, Leviatan), die durch Gottes Schöpfungstat überwunden wurden, in sein Leben einbrechen sollen, um es von seinen Anfängen her zu zerstören. Ijob möchte für seine Person die Schöpfung rückgängig machen. Dem Schöpfungswort: „Es werde Licht!“ (Gen 1,3) stellt er das Wort entgegen: „Jener Tag werde Finsternis“ (3,4).

Todessehnsucht (3,11–19)

Mit dem für das Klagelied charakteristischen „Warum?“ beginnt der zweite Sinnabschnitt der Rede Ijobs. Aber Ijob klagt nicht, um eine Änderung seiner Lage zu erreichen. Er beklagt sich, daß der Tod seinem niedergedrückten Leben kein Ende bereitet hat. Unausgesprochen schwingt die Bitte mit, dies möge geschehen. Wenn Ijob bei der Geburt nicht gestorben ist, dann hätte wenigstens unterlassene Pflege einen frühen Tod herbeiführen können. Die Zuwendung der Mutter hat einen Lebenssinn vorgetäuscht, den es nicht gibt.

Wenn er gestorben wäre, dann hätte er Anteil am Schicksal der Fehlgeburt (3,16). Er hätte sein Ziel erreicht: die vollkommene Ruhe der Unterwelt, denn dem Daliegen im Grab folgt kein Aufstehen mehr (14,21). Die Vorstellungen von Grab und Unterwelt gehen ineinander über. Ob arm oder reich, der Tod bereitet allen das gleiche Ende. In der Aufzählung: Könige, Ratsherren, Fürsten spiegeln sich persische Staatsverhältnisse (Esr 7,28). Mit hymnischen Sätzen wird in 3,17–19 nicht Gott, sondern das Totenreich gefeiert. Ijob identifiziert sich mit dem sozial Schwachen, der von dem Mächtigen brutal ausgenutzt wird. Er findet sich im Schicksal der Gefangenen und Sklaven wieder, die zur Zwangsarbeit getrieben werden. Der Tod ebnet alle Unterschiede ein und befreit von einem Leben der Knechtschaft.
Wir begegnen hier einer Todessehnsucht, die dem Alten Testament sonst fremd ist. In der Ijobdichtung tritt sie immer deutlicher hervor, je mehr Gott als willkürlich und das Dasein folglich als sinnlos erlebt wird.

Das Leben eine Zumutung (3,20–26)

Das klagende Warum, mit dem der letzte Abschnitt der ersten Ijobrede beginnt, fragt grundsätzlich: Warum wird dem Menschen die niederdrückende Last eines leidvollen Lebens zugemutet? Die Frage richtet sich an Gott, der mit dem „er" gemeint ist. Dennoch geht es zunächst nicht um Gott, sondern um die Mühebeladenen und Verbitterten, denen das Leben zu einer unerträglichen Last wurde. In ihrem Verlangen nach dem erlösenden Tod gleichen sie dem habgierigen Mann, der nach Schätzen gräbt. Ijob weiß sein Geschick in das ihre eingebunden. Auf ihn lenkt 3,23 zurück. Hier liegt der Schlüssel zum Verständnis seiner Verzweiflung. Was soll das Geschenk des Lebenslichtes, wenn Gott selbst ihm durch unverdientes Leid jede Lebensorientierung genommen und ihn in den Bannkreis seines Schicksals eingeschlossen hat? Der Satan hatte vom segensvollen Umhegtsein Ijobs gesprochen (1,10). Dasselbe Verb bezeichnet hier seine ausweglose Situation. Hier wie auch sonst im Streitgespräch Ijobs mit den Freunden vermeidet der Dichter den israelitischen Gottesnamen „Jahwe". Er spricht allgemein von „Gott" oder vom „Allmächtigen". Diese Sprachregelung könnte ihren Grund darin haben, daß Nichtisraeliten miteinander sprechen. Sie könnte aber auch signalisieren, daß die hier aufbrechende Gottesfrage irgendwann jeden angeht, der an Gott glaubt. Die abschließenden Verse sind ganz von der individuellen Lage Ijobs geprägt. Schreien und Stöhnen nehmen mehr Raum ein als die lebenserhaltende Nahrungsaufnahme. Unruhe und Angst sind zur Grundbefindlichkeit seines Daseins geworden.

Die erste Antwort des Elifas (4,1–5,27)

Sie gliedert sich in fünf Abschnitte: Der Gottesfürchtige darf seines Lohnes gewiß sein (4,1–11). Das Wort Gottes offenbart das Sündersein des Menschen (4,12–21). Die Warnung vor Torheit (5,1–7), verbunden mit einem gut gemeinten Rat (5,8–16). Das Leid als Strafe und als Chance für eine neue Zukunft (5, 17–27).

Belehrung statt Trost (4,1–11)

„Ein Wort, gesprochen zur rechten Zeit" (Spr 25,11) galt einem Weisheitslehrer viel. So drängt es Elifas, dem Alter (15,10) und Wissen (4,21) den Vortritt vor Bildad und Zofar geben, ein Wort an Ijob zu richten. Ijobs Zustand läßt ihn rücksichtsvoll mit einer rhetorischen Frage beginnen. Dann erinnert er ihn an sein früheres Verhalten bei fremdem Leid. Durch sein Wort hat Ijob Menschen, die seelisch und körperlich erschöpft waren, aufgerichtet. Dieser Dienst an den Mitmenschen wird unglaubwürdig, wenn er sich, von Unglück und Krankheit getroffen, fassungslos treiben läßt. Was Ijob einst anderen geraten hat, das muß sich jetzt in seinem eigenen Leben bewähren. Mit dem trostvollen Rückblick auf frühere Zeiten verbindet Elifas unüberhörbar die zurechtweisende Ermunterung zu einem richtigen Verhalten hier und heute. Das menschliche Wort vermag zu helfen. Kraft und Hoffnung zu einem neuen Anfang (14,7) aber kommen von Gott. Der Mensch trägt nach weisheitlicher Auffassung das Unterpfand der Hoffnung in sich. Die „Furcht", so im Urtext, ist eine Kurzformel für „Gottesfurcht" und besagt soviel wie „Religion". Dieser Begriff umschließt in der Weisheitsliteratur nicht so sehr die Vorstellung des Abstands von Gott als vielmehr die Anerkennung seiner Herrschaft. Diese muß sich durch einen „lauteren Lebensweg" ausweisen (vgl. Jak 2,14ff). Da Gott über das Verhalten des Menschen urteilt, darf der Gottesfürchtige seines Lohnes gewiß sein. Elifas begründet seine Zuversicht mit einem Lehrsatz der Weisheit, der die unabdingbare Gültigkeit des Zusammenhangs von Tun und Ergehen ausspricht (4,7–9). Dieser Satz stützt sich auf Erfahrung, die gemacht wurde. Seine Richtigkeit kann durch eigene Beobachtung nachgeprüft werden. So ist er zum allgemeingültigen Sprichwort geworden: „Wer Bosheit pflügt, wer Unheil sät, der erntet es auch" (4,8). Das hier gebrauchte Bildwort läßt uns den Tun-Ergehen-Zusammenhang als eine innerweltliche, aus sich wirkende Ordnung erkennen. Diese Lebensauffassung wird in 4,9 vom Gottesglauben unterfangen, wodurch sie zur Vergeltungslehre wird. Nicht ein innerweltliches Ordnungsgefüge, sondern Gott ist der Garant des Zusammenhangs von Tun und Ergehen. Er bestraft den Frevler. Er wendet sich dem Frommen huldvoll zu (8,6). Hier wird das Fundament sichtbar, auf dem das System der Freunde steht: Der Glaube an den gerechten Vergeltergott. Gott wird in ein Denkschema eingefügt, das ihm nur die Möglichkeit läßt, auf das Tun des Menschen zu reagieren. Für das freie Tun Gottes bleibt kein Raum mehr. Der Mensch verfügt über Gott. Das theologische System der Freunde läßt sie blind werden für die Wirklichkeit. So kommt es zu der Behauptung, daß kein Unschuldiger umkomme. Umgekehrt läßt sich vom Ergehen eines Menschen auf sein Tun und Verhalten schließen. Wenn Ijob leidet, dann muß er sich verfehlt haben. Noch spricht Elifas das nicht offen aus, aber es steht hinter seinen Worten. Je mehr Ijob seine Unschuld beteuert, desto deutlicher wird er dies von seinen Freunden zu hören bekommen. (Der Löwe dient oft als Bild für den Bösen; vgl. Spr 28,15. Das Bildwort soll der vorausgehenden Sachaussage Nachdruck verleihen.)

Das Offenbarungswort (4,12–21)

Elifas kann Ijob kein schuldhaftes Tun nachweisen. Ist Ijob deshalb gerecht? Keineswegs! Der Mensch kann in Tiefenschichten seiner Person schuldig sein, ohne daß seine Mitmenschen darum wissen. Auf die verborgene Schuld des Menschen zielt das Offenbarungswort in 4,17. Das Offenbarungsereignis selbst wird als Wortgeschehen (4,12) und als Erscheinung (4,16) geschildert. So haben die Propheten von ihrer Gotteserfahrung gesprochen (vgl. Jer 1,4; 1 Kön 19,12; Jes 6). Elifas tut dies ausführlicher als die Propheten. Wir erfahren Einzelheiten, die für die Echtheit des Erlebten sprechen.

Die Unschuldsbeteuerung des leidenden Ijob drängt Gott notwendig ins Unrecht. Mit einer grundsätzlichen Feststellung über das Verhältnis des Geschöpfes zum Schöpfer weist Elifas das Ansinnen Ijobs zurück. Gott und Mensch stehen nicht auf derselben Rechtsebene. Mehr noch: wird der Mensch seinem Schöpfer gegenübergestellt, dann wird er sich seiner kreatürlichen Unzulänglichkeit bewußt. Das Geschöpf bleibt hinter den Erwartungen des Schöpfers zurück. Das trifft selbst für die himmlischen Diener Gottes zu. Wieviel mehr gilt das für den Menschen, der aus Staub gemacht (Gen 2,7) und zum Staub zurückkehrt (Gen 3,19). Das Bildwort vom schnellen Ende der Motte unterstreicht die äußerste Gebrechlichkeit des Menschen. Ohne Fortbestand des Namens – „unbeachtet“ – sterben, galt als Untergang des Individuums (Rut 4,5.10). Dieses Unglück wurde nur noch durch ein Sterben ohne Weisheit überboten, da ein solcher Mensch das Ziel seines Lebens verfehlt hat.

Warnung vor Torheit (5,1–7)

Ijob hat sich bitter über Gott beklagt (3,20.23). Aber sein „Warum?“ wird keine Antwort erhalten. Unter den Dienern Gottes wird er keinen Anwalt finden, der seine Sache vertritt und ihm zu seinem Recht verhilft. Elifas hält Ijobs Verhalten im Leid für Torheit. Mit einem allgemeinen Weisheitsspruch ordnet er ihn unter die Toren ein, die ihr eigener Unmut umbringt. Das Leben bestätigt die Wahrheit dieses Spruches, wie die angefügte Beispielerzählung zeigt. Ein Tor gelangte zu Wohlstand und Glück. Da kam plötzlich Unglück über ihn, und er verlor alles. Seine Kinder unterlagen im Gericht am Stadttor, da keiner für sie eintrat. Es wurde ihnen alles genommen. An das warnende Beispiel schließt Elifas einen Weisheitssatz über das Woher des Unheils an. Nicht Staub und Ackerboden – das, woraus der Mensch gemacht wurde (Gen 2,7) – bringen das Unheil hervor, sondern der Mensch selbst erzeugt es. Das Vergleichsbild unterstreicht diese Aussage: Wie es zur Natur der Feuerfunken gehört, hochzufliegen, so gehört es zur Natur des Menschen, Unheil hervorzubringen.

Ein gutgemeinter Rat (5,8–16)

Elifas versetzt sich in die Lage Ijobs. An seiner Stelle würde er seine Sache Gott vortragen, um von ihm einen Entscheid zu erhalten. Hier wie anderwärts in den Streitreden wird deutlich, daß Ijob und seine Freunde nicht miteinander reden, sondern aufeinander ein- und aneinander vorbeireden. Denn das, was Elifas rät, hat Ijob bereits getan, jedoch ohne Erfolg. Gott schweigt. Ein Lobpreis auf die unerforschliche Allmacht Gottes begründet den erteilten Rat. Als Beispiel seiner Macht wird das Geschenk des lebenspendenden Regens genannt. Gottes Macht zeigt sich weiter darin, daß er Unterdrückte befreit und Gewalttätige zunichte macht. Gottes Walten ist gerecht. Das läßt den Armen hoffen.

Verheißung eines friedvollen Lebens (5,17–27)

In weisheitlicher Stilform preist 5,17 den Menschen glücklich, den Gott züchtigt. Unglück und Leid sollen den Menschen zurechtweisen und auf den rechten Weg zurückbringen. Sie sind nicht Ausdruck des göttlichen Zorns, sondern des Interesses, das Gott am Menschen hat (Spr 3,11–12). Von Ijob wird erwartet, daß er seine leidvolle Situation in diesem Sinne versteht und annimmt. Die Begründung der Seligpreisung wird nicht vom Menschen hergeleitet, dem die Züchtigung die Chance eines neuen Anfangs bietet. Sie liegt in

Gott, der zugleich Gericht und Gnade, Tod und Leben für den Menschen ist. Wenn Ijob sein Leid als göttliche Zurechtweisung annimmt, kann er vertrauensvoll in die Zukunft schauen. Dann gilt ihm die Verheißung, die in 5,19 mit einem Zahlenspruch eingeleitet wird. Die aufgezählten Nöte passen nicht alle auf die Situation Ijobs. Sie sollen sein Vertrauen auf Gott wecken, der den Menschen aus all diesen Nöten erretten kann. Ein Friedensbund wird sein zwischen Mensch und Natur. Die Steine werden das Bestellen des Ackers nicht mehr hindern. Die wilden Tiere werden die Herden ungestört weiden lassen. Ijob wird in Sicherheit wohnen und das Glück einer kinderreichen Familie verkosten. Der Tod wird zwar nicht beseitigt, aber er bedroht den Menschen nicht mehr unmittelbar. Ijob erhält Einfluß auf den Zeitpunkt seines Eintritts. Mit einem selbstsicheren Schlußsatz beendet Elifas seine Rede. An der Wahrheit seiner Lehre läßt er keinen Zweifel aufkommen. Sie steht auf dem festen Fundament der Überlieferung und der Erfahrung.
Die Antwort des Elifas enthält Lehrsätze, die der Welt- und Lebensauffassung seiner Zeit geläufig waren. Zu diesen zählt der Grundsatz des von Gott garantierten Zusammenhangs von Tun und Ergehen. Von theologischer Einsicht zeugt der Satz, daß Gott und Mensch nicht auf derselben Rechtsebene stehen. Das Geschöpf kann deshalb seinen Schöpfer nicht zur Rechenschaft ziehen. Lebensnah ist die Aussage vom naturgegebenen Leidensschicksal des Menschen, die allerdings merkwürdig unausgeglichen neben der Behauptung des selbstverschuldeten Leidens steht. Das Denkschema des Elifas will die Lebenswirklichkeit Ijobs aufhellen, um sie bewältigen zu können. Er merkt nicht, daß dieses System auf die konkrete Situation des Ijob nicht paßt. Anstatt Ijob bei seiner Glaubensnot abzuholen und ihn in unwegsamem Gelände zu begleiten, zwängt er ihn in ein Glaubenssystem, das für Ijob von Grund auf fragwürdig geworden ist. Der Rat, sich Gott zu unterwerfen mit der Hoffnung auf einen neuen Lebensanfang in Glück und Wohlstand, birgt eine gefährliche Versuchung in sich. Was der Satan dem Ijob nicht nachweisen konnte, das versucht jetzt Elifas zu bewirken, ohne sich dessen bewußt zu sein. Ijob soll zu einer Frömmigkeit hinfinden, die Gott nicht um seiner selbst willen, sondern des eigenen Vorteils willen verehrt. Der Argwohn des Satans wäre bestätigt worden.

Die zweite Rede Ijobs (6,1–7,21)

Leiden (6,1–13), Enttäuschung (6,14–21), Bitte um Verständnis (6,22–30) und Gottesanklage (7,1–21) charakterisieren Ijobs zweite Rede.

Unerträgliche Leiden (6,1–13)

Die Worte des Elifas, gesprochen aus fehlendem Mitgefühl, haben Ijobs Leiden unerträglich gemacht. Selbst der Meeressand vermag ihre Schwere nicht aufzuwiegen. Was Ijob bisher nur angedeutet hat, spricht er jetzt offen aus: Gott ist ihm zum Feind geworden. Wie der Bogenschütze sein Opfer verfolgt, so verfolgt Gott ihn. Seine Giftpfeile haben Ijob getroffen. Schon spürt er das schleichende Gift der Krankheit in seinem Innersten. Mit einem Sprichwort (6,5) rechtfertigt er seinen verzweifelten Aufschrei. Die Zurechtweisung und den Ratschlag des Elifas empfindet er wie eine ungenießbare Speise. Diese Redeweise ekelt ihn an. Erneut bricht die Todessehnsucht in ihm auf. Der Tod würde seinen Qualen ein Ende bereiten. Aber nicht nur das. Wenn er von Gottes Hand getroffen den Tod fände, wenn Gott seinen Lebensfaden abschnitte, dann wäre das für ihn ein Zeichen für Gottes barmherzige Zuwendung. Gott überließe ihn nicht interesselos seinem Schicksal, sondern würde sich im Tod als Ijobs Freund erweisen. Wenn Gott sich dazu entschließen könnte, dann würde Ijob trotz seiner Schmerzen vor Freude tanzen. Aber Gott schweigt. Er zeigt kein Mitleid und kein Erbarmen. So schlägt die Hoffnung in bittere Klage um. Ijob hat nicht die Kraft des Felsens. Unter dem Leidensdruck schwindet seine Widerstandskraft dahin.

Von den Freunden enttäuscht (6,14–21)

„Freunde in der Not, gehn hundert auf ein Lot". Äußerlich betrachtet, kann Ijob seinen Freunden diesen Vorwurf nicht machen. Von weither sind sie angereist. Sieben Tage lang haben sie mit ihm getrauert. Dennoch ist er von ihnen enttäuscht. Dem Zuspruch des Elifas fehlte die mitmenschliche Verbundenheit, die eine unmenschliche Situation durchstehen hilft. Das menschliche Mitgefühl hätte Ijob von den Freunden erwartet, selbst wenn er seinen Gottesglauben aufgegeben hätte. Wie der alttestamentliche Mensch über seinen Feind klagt, so klagt Ijob über seine „Brüder" (6,15–21). Er vergleicht sie mit den Bachtälern Palästinas, die im Winter reichlich Wasser führen, im Sommer aber unter der Sonnenglut ausgetrocknet sind. Gerade dann, wenn Mensch und Tier das Wasser dringend brauchen, sind ihre Wasserläufe versiegt. So sind die Freunde Ijob zum Trugbach geworden. Im entscheidenden Augenblick kann er sich nicht auf sie verlassen. Die Freundestreue hat an dem von Gott geschlagenen Ijob ihre Grenze gefunden.

Bitte um Verständnis (6,22–30)

Ijob erwartet von den Freunden keine äußere Hilfe. Sie müssen keinen Mut aufbringen, um ihn aus der Gewalt eines Mächtigen zu befreien. Auch müssen sie keine Geldmittel einsetzen, um ihn freizukaufen. Sie sollen ihm die Schuld nennen, die derartige Leiden verdient hat. Dann will er seine Leiden als Schuldspruch Gottes widerspruchslos annehmen. Nur eines erbittet er: ihre Rede soll aufrichtig sein und sich nicht in vagen Vermutungen ergehen. Sie sollen nicht auf die verzweifelt hervorgebrachten Worte achten, sondern auf die Not, die sich hinter ihnen verbirgt. Er bittet sie, ihn nicht herzlos wie eine Sache zu behandeln. Ijob spürt, wie sehr der bisherige Wortwechsel sie auseinandergebracht hat. Das freundschaftliche Miteinander hat einen Riß bekommen, der größer zu werden droht. Deshalb die inständige Bitte: „Wendet euch mir zu“! „Kehrt um“! Nur wenn die Freunde ihr Verhalten ändern und ihr Vorurteil aufgeben, können sie Ijob gerecht werden. Dann werden sie erkennen, daß seine Unschuldsbeteuerung wahr und seine Klage berechtigt ist.

Die Mühsal des Lebens (7,1–10)
Von den Freunden enttäuscht, wendet sich Ijob Gott zu. In der Begegnung mit dem göttlichen Du will er die Entscheidung seiner Sache herbeiführen. Er beginnt mit einer allgemeinen Darstellung des menschlichen Schicksals. Der Mensch steht im Frondienst des Lebens. Es bleibt ihm wenig oder gar kein Freiraum für Glück und Freude. Mythologien des Zweistromlandes wußten zu erzählen, die Menschen seien erschaffen worden, um den Göttern als Sklaven zu dienen. Das allgemeine Menschheitsschicksal bestätigt sich für Ijob in seinem eigenen Leben. Angst und Schrecken nisten auf dem Grund seiner Seele. Sie treiben ihn um und lassen ihn nicht zur Ruhe kommen. Sein Leib wird von todbringender Krankheit gemartert. Die gräßlichen Zeichen der Krankheit sagen ihm, daß seine Tage gezählt sind. Die Kürze und die Mühsal seines Lebens bringt Ijob klagend vor Gott. In den Psalmen hat die Klage ein deutliches Gefälle zur Bitte, die oft mit „gedenke!“ eingeleitet wird (Ps 74,2; 89,51). Wenn Gott des Beters gedenkt, ist die Not gewendet. In 7,7 dagegen hat die Bitte den Unterton der Anklage. Die breit gefächerte Klage Ijobs spitzt sich auf einen Punkt zu: das Todesschicksal. Wer stirbt, entschwindet nicht nur den Augen der Mitmenschen, sondern auch den Augen Gottes. Der Weg ins Totenreich kennt kein Zurück. Wenn überhaupt, dann muß Gott diesseits der Todesgrenze für Ijob eintreten und ihn rechtfertigen. Nach dem Tod ist es zu spät. Das Fehlen der Jenseitserwartung läßt Ijob leidenschaftlich um eine Begegnung mit Gott in seinem Leben ringen.

Der himmlische Aufpasser (7,11–21)

Gott gegenüber hat Ijob bisher mit seiner Klage zurückgehalten. Jetzt bringt er seine seelische Bedrängnis rückhaltlos vor ihm zur Sprache. Gott behandelt ihn wie den Chaosdrachen, den er an der Grenze zum Kosmos niederhält und bewachen läßt. Von dem mythischen Bildvergleich wechselt die Klage zur Schilderung der leidvollen Wirklichkeit. Nicht einmal der Schlaf läßt ihn Ruhe und Entspannung finden. Gott schreckt ihn mit Fieberträumen auf. Seelisch und körperlich zermürbt, erwacht in ihm das elementare Verlangen nach dem Todesschlaf. Selbst den grauenvollen Erstickungstod würde er den unaufhörlichen Qualen vorziehen. Ijob fühlt sich bei Tag und bei Nacht von Gott verfolgt. Deshalb seine Bitte: „Laß ab von mir"! (7,16). Die Tatsache, daß Gott sich um den Menschen kümmert, läßt den Psalmisten erstaunt fragen: „Was ist doch der Mensch"? (Ps 8,5). Ijob parodiert dieses Psalmwort. Die Aufmerksamkeit des Schöpfers dem Geschöpf gegenüber ist für ihn nichts anderes als das kleinliche Achten auf die Verfehlungen, die es rechtfertigen, den Menschen heimzusuchen. Bittet der alttestamentliche Beter darum, Gott möge ihn wieder anschauen (Ps 13,4), so wünscht Ijob genau das Gegenteil. Ihm wäre geholfen, wenn Gott von ihm wegschaut. Dann könnte er für einen Augenblick - die Zeit, die man zum Schlucken des Speichels braucht - aufatmen. Zum Schluß der Rede stellt Ijob sich erneut der Frage seiner Schuld. Selbst wenn er gesündigt hätte, was könnte er Gott damit antun. Der Hinweis auf die Kleinheit des Menschen soll der Sünde ihre Bedeutung vor Gott nehmen. Sollte Ijob aus Schwachheit gefehlt haben, so rechtfertigt die geringfügige Schuld in keiner Weise das Vorgehen Gottes, der wie ein Krieger die Zornespfeile der Krankheit (6,4) auf ihn abschießt. Wenn Schuld vorliegt, dann möge Gott sie ihm vergeben, bevor es zu spät ist. Er will den Tod nicht als Strafe für Sünden erleiden, sondern als natürliches Ende seines Lebens annehmen.

Die erste Antwort des Bildad (8,1–22)

Sie umfaßt drei Abschnitte: Gottes Gerechtigkeit (8,1–7); die Autorität der Väterüberlieferung (8,8–19); Mahnung und Warnung (8,20–22).

Gottes Gerechtigkeit (8,1–7)

Bildad beginnt mit einer rhetorischen Frage, die seinen Unmut und seinen inneren Widerspruch kundtut: „Wie lange noch willst du derlei reden"? (8,2). Seine Antwort ist kurz und bündig. Sie kennzeichnet ihn als weisheitlichen

Traditionalisten, der seinen Standpunkt fest und konsequent zu vertreten weiß. Ijobs Rede dünkt ihn in der Sache verfehlt und in der Form unangemessen. Er vergleicht sie mit dem Wind, der leer und heftig daher braust. Aus der Klage Ijobs, Gott behandle ihn wie einen Feind, hat Bildad den Vorwurf der Rechtsbeugung durch Gott herausgehört. Auch wenn Ijob das nicht gesagt hat, so zielen seine Worte tatsächlich in diese Richtung (vgl. 9,19f). Damit rüttelt er am Fundament der israelitischen Gottesauffassung (Ps 89,14). Gegen den Vorwurf der Rechtswillkür stellt Bildad die These von Gottes Recht und Gerechtigkeit. Gott will das Recht als gemeinschaftliches Ordnungsgefüge. Er steht in Gerechtigkeit zu der von ihm gesetzten Rechtsordnung (Dtn 1,17). Als Beispiel für die Richtigkeit seiner These führt Bildad das Schicksal der Kinder Ijobs an, deren Tod er nach dem Schema der vergeltenden Gerechtigkeit Gottes deutet. Was den Kindern widerfuhr, steht Ijob bevor. Er kann die Katastrophe abwenden, wenn er sich bittend an Gott wendet. Dazu rät ihm Bildad in Formulierungen, die der Prophetie (Am 5,4–6) und den Klagepsalmen (Ps 88,10) entnommen sind. Er verheißt Ijob neue Lebensverhältnisse, die dessen glückliche Anfänge weit hinter sich lassen.

Die Autorität der Überlieferung (8,8–19)

Elifas begründet Ijob gegenüber seinen Standpunkt mit einem Offenbarungswort (4,17). Bildad erweist sich in seiner Antwort an Ijob als kundiger Weisheitslehrer. Er stellt seine These auf das feste Fundament des Erfahrungswissens früherer Generationen und macht sie so unanfechtbar. Im Gegenüber zur Überlieferung spielt er das Eigenwissen des Menschen herunter. Als Tagesgeschöpf gelangt er zu keiner tieferen Erkenntnis. Allein das gesammelte Wissen der Vergangenheit führt zur Weisheit und zur Lebensmeisterung in der Gegenwart. Die Väterweisheit wird mit drei Gleichnissen aus der Natur veranschaulicht. Das erste spricht von der Papyrusstaude („Schilfrohr") und dem Schilfgras, die nur in einem ständig feuchten Boden wachsen. Fehlt es an Wasser, verdorren sie schneller als andere Pflanzen. Das Lehrgleichnis wird in 8,13 auf Menschen angewendet, „die Gott vergessen" und sich ihm entfremdet haben. Sie gleichen dem Schilfgras, das ohne Wasser vor der Zeit verdorrt. Das Gleichnis vom Spinngewebe bringt Bild und Deutung in einem. Der Hoffnung des Gottlosen auf ein glückliches Leben fehlt der tragende Grund. Die selbstgesponnenen Fäden seines Glücks zerreißen bei der geringsten Belastung. Das dritte Gleichnis beschreibt eine Schlingpflanze, die üppig gedeiht, alles überwuchert und in steinigem Boden fest verwurzelt ist. Wieder gehen Bild und Deutung ineinander über. Da der Gottlose keine Wurzeln in

Gott hat, nutzt ihm sein Verwurzeltsein in der Erde nichts. Gott reißt ihn aus wie die Wucherpflanze. Der Wurzelboden weiß nichts mehr von ihr. An ihrer Stelle sprießt eine andere Pflanze aus dem Boden. Das Glück des Gottlosen hat keinen Bestand.

Die versteckte Anfechtung (8,20–22)

Bildad hat das Scheinglück der Gottlosen im Rückgriff auf die Überlieferung der Väter aufgezeigt und so seine These vom Handeln Gottes nach Recht und Gerechtigkeit (8,3) bewiesen. Denselben Gedanken greift er in 8,20 nochmals auf, jetzt allerdings in der Gegenüberstellung von Frommen und Frevlern. Dem Verhalten eines jeden entspricht das Verhalten Gottes. Er steht dem Frommen solidarisch bei. Den Gottlosen liefert er an die vernichtende Macht seiner Sünde aus. Er versagt ihm seine Führung und Unterstützung. In der Sprache der Psalmen (Ps 126,2) spricht Bildad dem verzweifelten Ijob frohe Glaubenshoffnung zu. Wie in den Psalmen (Ps 6,11) wird auch die Kehrseite der göttlichen Zuwendung genannt: die Beschämung und der Untergang der Feinde. Hinter der Zusage für die Zukunft steckt unausgesprochen die Mahnung zur Umkehr und die Warnung vor einem Ende gleich dem der Frevler. Die Versuchung, die Frömmigkeit in den Dienst des eigenen Glücks zu stellen, geht weiter. Noch hat der Satan seine Wette nicht verloren.

Die Rede Bildads hat mehr zur Klärung des Standpunktes der Freunde als zum Trost Ijobs beigetragen. Es fällt auf, wie sehr Bildad an Elifas anknüpft (vgl. 8,4 mit 4,7–9) und wie wenig er auf Ijobs Glaubensnot eingeht. Er ordnet den Fall Ijob in sein Denksystem ein und meint, so das Problem gelöst zu haben. Ijob hat die Wirklichkeit Gottes ganz anders erfahren. Die theologische Auskunft Bildads erreicht ihn nicht mehr.

Die dritte Rede Ijobs (9,1–10,22)

In einem Selbstgespräch meditiert Ijob Gottes Überlegenheit (9,1–13), die Situation des Menschen vor Gott (9,14–24) und seine ausweglose Lage (9,25–35). Gottes Tun bleibt dem Menschen undurchschaubar (10,1–7). Wird der Schöpfer sich seines Geschöpfes erbarmen (10,8–12) oder wird das Dunkle in Gott siegen (10,13-17)? Dann wäre es bereits ein Entgegenkommen Gottes, wenn er Ijob in der kurzen Zeit, die ihm noch bleibt, in Ruhe läßt (10,18–22).

Gottes Überlegenheit (9,1–13)

Auf die Mahnungen, Warnungen und versteckten Vorwürfe der Freunde geht Ijob nicht ein. In einem Selbstgespräch greift er die Kerngedanken ihrer Reden auf. Elifas hatte unter Berufung auf ein Offenbarungswort den Standpunkt vertreten, der schwache und sündige Mensch könne Gott nicht ins Unrecht setzen (4,17). Bildad hatte die absolute Gerechtigkeit Gottes herausgestellt, die jede Willkür ausschließt. Ijob faßt beide Aussagen zusammen und stellt sie in den gerichtlichen Kontext: Kein Mensch bekommt im Rechtsstreit mit Gott recht. In Rede und Gegenrede unterliegt der Mensch. Von tausend Beschuldigungen, die Gott gegen ihn vorbringt, vermag er nicht eine zu widerlegen. Gegen Gottes Weisheit und Macht kommt keiner an. Wer sich dennoch trotzig gegen ihn stellt, riskiert sein Heil. Ijob und die Freunde scheinen im Grundsätzlichen übereinzustimmen, will man Ijobs Aussage nicht ironisch verstehen. Es wird sich aber zeigen, wie ganz anders er über Gottes Gerechtigkeit denkt. Die ungleiche Situation, in der sich der Mensch vorfindet, verlangt von diesem Ehrfurcht, die ihn Gottes Weisheit und Macht anerkennen läßt. Dies geschieht im Lobpreis (9,5–10). Erdbeben und Sonnenfinsternis bekunden dem alttestamentlichen Menschen Gottes erschreckende Macht. Selbst die tief eingelassenen Säulen, auf denen nach antikem Weltbild die Erde ruht, vermag er zu erschüttern. Von den Ereignissen in der Natur und im Kosmos, in denen sich Gottes Zorn auswirkt, findet der Hymnus zum Lobpreis des Schöpfers. Von seinen Schöpfungswerken wird als erstes der Himmel genannt, den er wie ein gewaltiges Zeltdach über die Erde ausgespannt hat (Jes 40,22). Er herrscht über das widerspenstige Meer. Er hat die Sterne geschaffen, denen deshalb keine Eigenmächtigkeit zukommt. Nicht sie, sondern er lenkt das Geschick der Menschen. Mit einer wörtlichen Wiederholung von 5,9 endet der Lobpreis: Gottes weltüberlegene Machttaten sind unerforschlich.

Unvermittelt geht Ijob von der theologischen Darlegung zur persönlichen Erfahrung über. Der unsichtbare Gott hat ihn seine unwiderstehliche Macht spüren lassen. Sein Vorgehen kennt weder eine äußere noch eine innere Grenze: Niemand vermag ihm entgegenzutreten, um ihm Einhalt zu gebieten. Keiner kann ihn wegen Rechtsverletzung zur Verantwortung ziehen. Der Mensch ist ihm auf Gedeih und Verderb ausgeliefert. Die zerstörerische Macht seines Zornes setzt sich selbst gegen seine mächtigsten Gegner durch. Die Helfer des Chaosdrachen („Rahab“) müssen sich unter seiner Zornesmacht ducken.

Macht- und rechtlos vor Gott (9,14–24)
Wie kann Ijob im Rechtsstreit mit dem zornigen Gott bestehen, wenn selbst die Chaosmächte ihm gegenüber machtlos sind? Wie will er die Anschuldigungen Gottes entkräften? Wie kann er seinem Recht Geltung verschaffen? Ijob fühlt sich hilflos dem Zorn Gottes ausgeliefert. Statt sein Recht zu fordern, muß er den Gegner um Gnade bitten, als ob dieser der gerechte Ankläger wäre. Wenn es wirklich zum Rechtsstreit zwischen Gott und Ijob käme, so wäre Ijob der Verlierer, denn Gott würde auf seine Anklage nicht antworten, sondern nach seinem Gutdünken mit ihm verfahren. Rücksichtslos würde er ihm neue Qualen und Leiden zufügen. Pausenlos wäre er den Angriffen Gottes ausgesetzt, so daß ihm nicht einmal Zeit zum Atemholen bliebe. Im Prolog hatte Gott dem Satan vorgeworfen, er habe ihn aufgereizt, Ijob „ohne Grund" zu verderben (2,3). Jetzt spricht Ijob selbst dieses Wort aus (9,17). Die Frage nach Gottes Gerechtigkeit stellt sich in aller Schärfe.

Ijob kommt zu einer ersten Schlußfolgerung: Macht und Recht stehen auf seiten Gottes. Mehr noch: Macht und Recht sind in Gott eins. Was er will, setzt er als sein Recht rücksichtslos durch. Der kleine Mensch kann den mächtigen Gott nicht vor Gericht laden (der Kontext legt dieses Verständnis von 9,19b gegen den Text nahe). Und wenn er käme, so würde er den Schuldlosen zwingen, sich schuldig zu bekennen. Ein für Ijob günstiges Urteil würde er umkehren. Mit der Beteuerung „schuldlos bin ich" (9,21) stellt Ijob sich gegen den zu erwartenden Schuldspruch. Er klammert sich an seine Unschuld, auch wenn dadurch Gottes Gerechtigkeit fragwürdig wird und sein Leben in tödliche Gefährdung gerät. Das Dämonische in Gott richtet sich nicht nur gegen Ijob. Alle Menschen, gute wie böse, sind seinem vernichtenden Zorn ausgesetzt.

Zwei Lehrbeispiele sollen das verdeutlichen. Es wird zwar nicht gesagt, daß Nöte wie Naturkatastrophen und tyrannische Unterdrückung von Gott bewirkt werden, aber er wehrt sie auch nicht ab. Er hat seine Hand im Spiel und spottet sogar über die Schuldlosen, die verzweifelt zugrunde gehen. Das Verhalten Gottes erinnert an die Worte, die Shakespeare König Lear sprechen läßt: „Was Fliegen sind den müß'gen Knaben, das sind wir den Göttern: Sie töten uns zum Spaß". Kann ein solcher Gott noch als Hüter der sittlichen Weltordnung anerkannt werden? Hat er nicht selbst das Vertrauen in seine Gerechtigkeit erschüttert? Kann die Bedrohtheit des Menschen größer sein? Ijob redet gotteslästerlich. Und doch sagt er zugespitzt nur das, was er bisher vorgebracht hat: Er wehrt sich gegen ein System, das ihm nicht gerecht wird und im Widerspruch zu seiner persönlichen Gotteserfahrung steht. Er ist nicht bereit, seine Leiden in einem festgelegten theologischen Denken von Gott und Welt verrechnen zu lassen.

Ausweglose Lage (9,25–35)

Vor dem gewalttätigen und mitleidlosen Gott verstummt Ijob nicht in müder Resignation. Klagend bringt er seine ausweglose Lage zur Sprache. Die Flüchtigkeit des Lebens veranschaulicht er mit Vergleichsbildern. Schneller als der Läufer, schneller als die geschwind dahingleitenden Schilfkähne auf dem Nil und schneller als das Herabstoßen des Raubvogels auf seine Beute eilen seine Tage dahin. Die kurze Lebenszeit, die ihm bleibt, läßt keine Hoffnung auf eine glückliche Wende seines Schicksals aufkommen. Ijob erwägt, seinen erbärmlichen Zustand zu vergessen, um zu innerer Gelöstheit und Ausgeglichenheit zu finden, die sich in einem heiteren Gesicht kundtut. Kaum gedacht, verwirft er diesen Gedanken, denn es graut ihm vor den Schmerzen, die immer unerträglicher werden. Ijob haftet mit seinen Leiden für eine Schuld, die er nicht begangen hat. Seine Lage wird sich erst ändern, wenn Gott ihn nicht mehr als schuldig betrachtet. Doch mit einem Freispruch rechnet er nicht. Selbst wenn er sich bemühte, seine Unschuld mit den üblichen Mitteln zu beweisen, könnte er Gott nicht überzeugen. Das Waschen der Hände hatte ursprünglich eine entsündigende Wirkung (Ps 51,4.9). Im Laufe der Zeit wurde daraus eine bildhafte Handlung, mit der jemand seine Unschuld bezeugt (Jer 2,22). Die Unschuldsbeteuerung nützte Ijob nichts. In einem ausdrucksstarken Kontrastbild wird gesagt, was geschähe. Gott würde Ijob, der seine Unschuld nachgewiesen hat, packen und in den Unrat tauchen, so daß selbst seine Kleider sich vor ihm ekelten. Gott will, daß Ijob schuldig erscheint. In seiner Verzweiflung greift Ijob nach dem Unmöglichen. Ein Schiedsmann soll zwischen Gott und ihm entscheiden. Aber auch dieser Weg führt zu keiner Lösung. Wie will der Mensch Ijob Gott vor die Schranken des Gerichtes bringen? Der Abstand zwischen Gott und Mensch schließt jede Gerichtskonfrontation aus. Es gibt keinen Schiedsmann, der über Gott steht und einen für beide Parteien verbindlichen Rechtsspruch fällen kann. Auch kann Gottes Handeln nicht beurteilt werden, denn es gibt keine Rechtsnorm, die ihn und den Menschen in gleicher Weise bindet. Er setzt das Recht, und nur sein Recht gilt. Es bleibt Ijob nur die Bitte, Gott möge die Leiden von ihm nehmen, mit denen er ihn wie mit einem Stock geschlagen hat. Erst dann kann er seine Unschuld ohne Furcht vor neuen Schicksalsschlägen darlegen. Aber es bleibt bei der Unterdrückung, die jedes aufrichtige Wort unmöglich macht.

Das rätselhafte Tun Gottes (10,1–7)

Gott nimmt die Rute nicht weg. So bleibt Ijob nur das Wort der Klage, geformt in der Bitterkeit seines Herzens. War es in 7,9–11 der unaufhaltsam nahende Tod, so ist es jetzt der Widerwille gegen ein durch Schmerz und Leid sinnlos gewordenes Leben, das ihn sein Anliegen rückhaltlos vorbringen läßt. Das Vorgehen Gottes stellt Ijob ins Unrecht. Deshalb die Bitte, ihn nicht auf diese Weise schuldig zu sprechen. Gott „befehdet" ihn. Er behandelt ihn wie einen, der als Angeklagter vor Gericht steht, ohne den Grund der Anklage zu nennen. Darin kann Ijob nur die Gewalttat des Mächtigen erblicken, der sich um Recht und Gerechtigkeit nicht kümmert. Was kann Gott zu solchem Tun veranlassen? Welchen Gewinn hat er, wenn er das von ihm so mühsam geschaffene Gebilde „Mensch" einfach abtut? Ist Gott ein Sadist, der sich an den Schmerzen seines Opfers ergötzt? Das Tun Gottes erscheint dem Leidenden wie das eines Menschen, der in seinem begrenzten Leben nur das Vordergründige sieht. Ijob fühlt sich andauernder Überprüfung ausgesetzt, obwohl Gott weiß, daß er unschuldig ist und seinem Zugriff nicht entkommen kann. Was ist das für ein Gott, der so mit dem Menschen, den er geschaffen hat, umgeht?

Die stille Hoffnung (10,8–12)

In 10,3 klang das Motiv der persönlichen Erschaffung bereits an. Es wird erneut aufgegriffen und entfaltet. In den Vorstellungen und in der Sprache der damaligen Zeit wird zunächst gesagt, daß Ijob von Gott aus Ton bzw. aus Erde gebildet sei (Gen 2,7) und zur Erde zurückkehrt (Gen 3,19), wenn Gott es bestimmt. Dann wird das geheimnisvolle Werden des Embryos im Mutterschoß geschildert. Auch dies ist ein Tun Gottes (vgl. Ps 139,13–16). Warum erinnert Ijob Gott an sein schöpferisches Tun, wenn dieser beschlossen hat, das Werk seiner Hände zu zerstören? Hofft er, das Mitleid seines Schöpfers zu erregen und eine Sinnesänderung zu bewirken? Vor der unglücklichen Wende wurde Ijob mit einem erfüllten Leben beschenkt, das ihn Gottes Treue und Schutz immer neu erfahren ließ. Auch in dieser Erinnerung schwingt die Hoffnung mit, Gottes Liebe zu seinem Geschöpf könnte eines Tages wieder aufleben und Ijob glücklich leben lassen.

Das Dunkle in Gott (10,13–17)

Plötzlich verläßt Ijob die Spur der Erinnerung. Er wirft Gott vor, ihn nicht ohne Hintergedanken erschaffen zu haben. Gott will von Anfang an Ijobs Elend und Leid. Einmal erschaffen, beobachtet er ihn, um ihn nach entdeckter

Schuld zu verurteilen. Ein dämonischer Zug im Gottesbild, der uns erschrekken läßt. Gegen den übermächtigen Gott vermag der Mensch nicht anzukommen, selbst wenn er im Recht ist. Gott wird ihn jagen, wie der Löwe seine Beute jagt. Das kühne Aufbegehren hätte zur Folge, daß Gott den Menschen seine Macht spüren ließe. Mit neuen Leiden als Zeugen seiner Schuld würde er ihn heimsuchen.

Wenigstens für kurze Zeit aufatmen können (10,18–22)
Kann Leben noch sinnvoll sein, wenn Gottes Handeln am Menschen von einem dämonisch-unheilvollen Willen bestimmt ist? Läßt die Bestimmung zum Leiden den Menschen das Nichtsein nicht mehr ersehnen als das Sein? Diesen Gedanken verleiht Ijob in seiner Klage Ausdruck. Das so formulierte Klagemotiv kam bereits in 3,11–16 vor. Es findet jetzt aber eine andere Fortsetzung. Während dort die Klage in die Sehnsucht nach der Ruhe des Todes einmündete, schließt hier die Bitte an, Gott möge Ijob in der noch verbleibenden kurzen Lebensspanne nicht länger verfolgen. Dann könnte sein Leben ein letztes Mal aufleuchten, bevor es endgültig im Tode erlischt. Das Totenreich wird als Land ohne Wiederkehr geschildert, das in tiefe Dunkelheit getaucht ist. Hinter den Bildern steht das Wissen um die Endgültigkeit und die Schrekken des Todes. Im Tode fällt der Mensch in das „Nichts“, in den Zustand, der vor der Erschaffung des Lichtes war (Gen 1,2), zurück. In den Klagepsalmen dient die Schilderung des Totenreiches dazu, Gott zu bewegen, den Beter vor dem Tod zu erretten (vgl. Ps 6,6; 88,11–13). Auch Ijob möchte mit dem Hinweis auf die Todesfinsternis seiner Bitte Nachdruck verleihen. Allerdings geht es ihm nicht um die Errettung vom Tod, sondern um die Ermöglichung eines, wenn auch nur kurzen, lebenswerten Lebens.
Gegen die überkommene Lehre von Gottes gerechtem Handeln setzt Ijob seine leidvolle Erfahrung von Gottes Zorn, der mehr ist als die göttliche Strafgerechtigkeit. Die geheimnisvolle und unberechenbare Wirklichkeit Gottes sprengt das Denksystem der Freunde, die Gott der vergeltenden Gerechtigkeit ein- und unterordnen und ihn so für den Menschen verfügbar machen.

Die erste Antwort des Zofar (11,1–20)

Zofar beginnt mit einer Zurechtweisung (11,1–3), an die er eine Belehrung über die göttliche Weisheit (11,4–6) und die Unerforschlichkeit Gottes (11,7–12) anschließt. Mahnung zur Umkehr und Zusage für die Zukunft bilden den Abschluß (11,13–20).

Die Weisheit Gottes (11,1–6)

Zornig und empört steigt Zofar, der dritte der Freunde Ijobs, ins Gespräch ein. Wie ein Redner vor der Rechtsgemeinde ergreift er Partei gegen Ijob. Die harte Zurechtweisung soll Ijobs Worten die Wirkung nehmen. Dabei schreckt er vor persönlichen Verunglimpfungen nicht zurück. Er nennt Ijob einen „Maulheld" und seine Rede „Geschwätz". Ijobs Aufbegehren gegen das unverdiente Leidenmüssen verkleinert er zu einem „Wortschwall", der nicht unwidersprochen bleiben darf. Seine Redeweise offenbart sein Unvermögen, Ijob in seiner inneren Not zu verstehen.

Die Ausführungen Ijobs faßt Zofar in einem Zitat zusammen, das sich so in der vorausgehenden Rede nicht findet, aber Ijobs Grundposition wiedergibt: „Rein ist meine Lehre, und lauter war ich stets in deinen Augen" (11,4). „Lehre" meint die Belehrung, die Ijob von anderen übernommen und selbst weitergegeben hat (4,4). Als Lehrgespräch verstehen die Freunde ihr Gespräch mit Ijob. Für den leidenden Menschen fehlt ihnen der Blick. So kann Zofar den verzweifelten Aufschrei Ijobs ebenfalls als „Lehre" bezeichnen. Auf dem sicheren Boden der Lehre vermag er Ijob entgegenzutreten, um ihn zu widerlegen. Was Zofar eigentlich in Harnisch bringt, ist Ijobs Behauptung, ein lauteres Leben zu führen, von dem Gott wisse. Damit stellt er das Vergeltungsdogma in Frage und rüttelt an dem weltanschaulichen Fundament der Freunde. Zofar wünscht, Gott selbst möge Ijob zur Einsicht bringen. Dies könnte geschehen, wenn Gott ihn einen Blick in die verborgenen Tiefen seiner Weisheit tun ließe. Dann würde er erkennen, daß Gottes Strafe gerecht ist, da Gott mehr an menschlicher Schuld sieht, als ihm bewußt ist. In seiner Barmherzigkeit übersieht Gott sogar einen Teil der Schuld und bestraft den Menschen nicht, wie dieser es eigentlich verdient hat. Hinter diesen Gedanken steht unverkennbar die Absicht, den Vergeltungsglauben an die Wirklichkeit anzupassen.

Der unerforschliche Gott (11,7–12)

Ijob irrt, wenn er meint, Gottes Wesen und Absicht erkannt zu haben. Wie wenig der Mensch Gott zu erfassen vermag, verdeutlicht Zofar mit Hilfe des vierteiligen Weltbildes. Das Himmelsgewölbe galt dem antiken Menschen als Beispiel unerreichbarer Höhe. Die Unterwelt lag in geheimnisvoller Tiefe unter der Erde. Die Breite des Meeres ließ den Menschen das andere Ufer nicht erreichen. Die Längserstreckung der Erde war die größte, die man sich vorstellen konnte. Wenn die Grenzen der sichtbaren Welt für den Menschen unerforschlich sind, wie kann Ijob sich dann anmaßen, Gottes Wesen bis zum letzten erforschen zu können? Der Mensch vermag die Tiefe Gottes nicht auszuloten. Mit Ausdrücken aus dem Rechtsbereich wird Gottes gewaltsames Vorgehen gegen den Menschen gekennzeichnet. Er nimmt den Menschen gefangen, um ein Strafverfahren gegen ihn durchzuführen (Lev 24,12). Er bietet die Rechtsgemeinde auf, um die Strafe an dem Verurteilten zu vollstrekken (Ez 16,40). Der Mensch ist Gott wehrlos ausgeliefert. Darin stimmen Zofar und Ijob überein. Zofar folgert dies aus seinem theologischen Denksystem. Ijob hat diese Wahrheit am eigenen Leibe zu spüren bekommen. Während Ijob sich der ungerechten Gewalttat des zornigen Gottes ausgesetzt weiß (9,11–12), kann das Vorgehen Gottes für Zofar nur Ausdruck seiner Gerechtigkeit sein, die den Sünder bestraft. Noch bevor der Schuldige sich dessen bewußt wird, sieht Zofar ihn bereits von Gott überführt und von Gottes unerwartetem Strafgericht heimgesucht. Mit dieser Feststellung will Zofar Ijob eine Lektion erteilen. Wenn er von Gott bestraft wird, dann geschieht das nicht willkürlich, sondern seiner Verfehlungen wegen. Dem uneinsichtigen Ijob hält Zofar ein Sprichwort entgegen. Die Unsicherheit des hebräischen Textes macht es schwer, seinen Sinn mit Sicherheit zu erhellen. Es könnte besagen: Wie einige Geschöpfe („Hohlkopf“, „Wildesel“) sich nicht ändern können, so scheint Ijob nicht in der Lage zu sein, die eigene Schuld einzusehen und Gottes Gerechtigkeit anzuerkennen. Ijob wird herausgefordert, um zur Vernunft zu kommen.

Umkehr in die Zukunft (11,13–20)

Ähnlich wie Elifas (5,8) und Bildad (8,5) mahnt Zofar den unbußfertigen Ijob zur Umkehr. Er soll sein „Herz in Ordnung bringen“, wörtlich: „sein Herz festigen“, das heißt sein Sinnen und Trachten auf Gott ausrichten (vgl. 1 Sam 7,3; Ps 51,12). Dazu kommen muß das Flehen mit ausgebreiteten Händen, an denen keine Schuld kleben darf, soll das Gebet erhört werden (vgl. Jes 1,15f). Schließlich soll er das Böse entfernen, das sich in sein Zelt eingeschlichen und Macht über ihn gewonnen hat. Zofars seelsorglicher Eifer könnte kaum größer sein. Dennoch nimmt er das eigentliche Problem nicht wahr: Ijobs Ringen um Gott. An die Umkehr knüpft Zofar eine strahlende Verheißung. Die Schuld wird getilgt. Wie einer, der vor Gericht freigesprochen wurde, darf Ijob sein Haupt erheben. Was er sich sehnlich erwünscht, ein Leben ohne Furcht (9,35), wird ihm zuteil. Die Mühsal, die wie ein reißender Wildbach sein Leben in tödliche Gefahr bringt, wird vergessen sein. Sein Leben, jetzt trüb und matt, wird neuen Glanz erhalten, der selbst den hellen Mittag überstrahlt. Er wird dem Leben wieder trauen dürfen, denn die neu er-

wachte Hoffnung bringt Zukunft in sein Leben. Bei den Menschen wird er erneut zu Ansehen gelangen. Seine Gunst werden sie zu erwerben suchen.
Wie Elifas (4,7–10; 5,3–5) und Bildad (8,8–19) spricht auch Zofar vom Schicksal der Frevler. Sie schwinden dahin in Elend und Not. Sie sind dem Untergang preisgegeben. Für sie gibt es keinen sicheren Fluchtort. Ihre Hoffnung ist die Hoffnungslosigkeit, der Tod. Das Bild vom Glück des Frommen und das Kontrastbild vom Unglück des Frevlers entspricht der weisheitlichen Redeform von den zwei Wegen (Ps 1). Das Glück des Gerechten wird Ijob zugesagt, wenn er zu Gott zurückkehrt. Vom Schicksal des Frevlers wird nur allgemein gesprochen. Eine Drohung erübrigt sich, da für Zofar feststeht, welchen Weg Ijob wählen wird. Der dunkle Hintergrund der Not und Hoffnungslosigkeit des Frevlers soll das Lebensglück des Frommen nur umso heller erstrahlen lassen.
In 11,6 wird der Grundsatz genannt, den Zofar gegen das Denken und Reden Ijobs ins Feld führt: die unergründliche Weisheit Gottes. Sie garantiert sein gerechtes Handeln an den Menschen, auch wenn dieser es nicht einsieht. Ijobs Klage, der Willkür Gottes ausgesetzt zu sein, ist damit widerlegt. Will er wieder zu einem glücklichen Leben gelangen, dann gibt es für ihn nur eine Möglichkeit: die Umkehr zu Gott. Wieder taucht der versucherische Vorschlag auf, die Frömmigkeit in den Dienst des eigenen Glücks zu stellen. Auch wird von Ijob verlangt, gegen die innere Wahrhaftigkeit zu handeln, denn er weiß sich vor Gott nicht schuldig.

III. Der zweite Redegang (12,1-20,29)

Die Auseinandersetzung zwischen Ijob und den Freunden bleibt nicht ohne Wirkung auf das Verhalten der Gesprächspartner und den Ton, den sie anschlagen. Im ersten Redegang gehen die Freunde davon aus, daß Ijob zwar schuldig, aber im Grunde seines Herzens ein frommer Mann ist. Deshalb ermahnen sie ihn zur Umkehr als Chance für ein neues glückliches Leben. Ijob weist ihr Ansinnen scharf zurück. Deshalb gehen sie im zweiten Redegang von der Ermahnung zur Beschuldigung über. Da Ijob die Freunde von seiner Schuldlosigkeit nicht überzeugen kann, fordert er von Gott eine Unschuldserklärung.

Die vierte Rede Ijobs (12,1–14,22)

Sie gliedert sich in drei Teile. Zunächst nimmt Ijob zu dem Satz Zofars von der irrtumslosen Weisheit Gottes Stellung (12,1–13,2). Dann fragt er nach dem Grund des feindlichen Handelns Gottes und fordert ein ordentliches Rechtsverfahren (13,3–28). Schließlich ergeht er sich in wehmütiger Klage über die Vergänglichkeit des Menschen und die Hoffnungslosigkeit des Lebens (14,1–22).

Leidenschaftlicher Einspruch (12,1–6)

Ijob eröffnet die zweite Gesprächsrunde nach dem Motto: „Auf einen groben Klotz gehört ein grober Keil". Zofar hatte Ijobs Rede als „Wortschwall" und „Geschwätz" bezeichnet (11,2–3). Mit beißender Ironie bestätigt Ijob den Freunden, sie seien die eigentlichen Träger der Weisheit und mit ihnen sterbe die Weisheit in der Welt aus. Er wendet sich gegen das eingebildete und selbstsichere Gehabe der drei, wenngleich Zofar vor allem gemeint sein dürfte. Er hatte Ijob einen Hohlkopf genannt, der nicht klar denken könne (11,12). Gegen diese Unterstellung verteidigt sich Ijob. Mit seiner Verstandeskraft weiß er sich den Freunden ebenbürtig. Sie irren, wenn sie meinen, ihn belehren zu müssen. Die Worte, mit denen sie großtun, sind für Ijob weisheitliche Gemeinplätze, die ihm nicht weiterhelfen. Mit einem Klagemotiv, das in den Psalmen häufig wiederkehrt (z.B. Ps 31,12), tut er kund, daß er sich dem Spott der Freunde ausgesetzt fühlt, da Gott sein Gebet nicht erhört. Ganz im Sinne der Lehre vom Tun-Ergehen-Zusammenhang wird der unglückliche Fromme als Sünder betrachtet. Sein Unglück erweckt nicht tätiges Mitleid, sondern berechtigt, ihm den Rest zu geben und sein Unheil zu vollenden. Dieselbe Lehre garantiert den glücklichen Frevlern ein Leben in Sicherheit. Sie können Gott durch ihre Gewalttätigkeit erzürnen, und es geschieht nichts. Skrupellos mißbrauchen sie Gott, um ihre eigenen Interessen durchzusetzen, und keiner steht dagegen auf. Hat die Wirklichkeit die Lehre der Freunde, die sie so überzeugt vortragen, nicht längst widerlegt?

Naturbeobachtung führt zur Weisheit (12,7–12)

Dieser Textabschnitt wurde einem anderen Zusammenhang entnommen und hier eingefügt. Echt weisheitlich (vgl. Spr 6,6) wird auf die Natur als Lehrmeisterin der Weisheit verwiesen. Die Tiere, ähnlich aufgezählt wie in Gen 1,19–25, können den Menschen belehren, da sie um das Schöpfersein Gottes wissen. Ihr Zeugnis läßt den Menschen Gott als Schöpfer und Herrn seines Lebens erkennen. In dieser Erkenntnis gründet menschliche Weisheit. Die durch Eigenbeobachtung gewonnene Einsicht rechtfertigt eine kritische Überprüfung der Schulweisheit.

Der ganz Andere (12,13–25; 13,1–2)

In der Form des bekennenden Lobpreises kommt Ijob unvermittelt auf Gottes Weisheit und Macht zu sprechen. Der Mensch vermag zwar die Weisheit Gottes als letzte Ursache allen Geschehens zu erkennen, ihr Wesen jedoch bleibt ihm verborgen. So kann Ijob sagen, nur in Gott gebe es Weisheit. Einseitig hebt Ijob auf die unheimliche und erschreckende Macht Gottes ab, die willkürlich alle Ordnung umstürzt und das Chaos heraufführt. Dadurch rückt er das Gottesbild erneut in die Nähe des Dämonischen. Mit je zwei Beispielen aus der Geschichte und der Natur wird das gewalttätige Tun Gottes veranschaulicht. Mit radikaler Gründlichkeit reißt er nieder, was Menschen erbauten. Wen er einkerkert, der kommt nicht mehr frei. Israels Glaubensbekenntnis wußte von Anfang an um Gott als Herrn der Geschichte. Hier wird seine Geschichtsmächtigkeit ins Unheimliche gesteigert. Von Gott als dem Herrn der Geschichte fand Israel zu Gott als dem Herrn der Natur. Ijob geht denselben Weg. Vernichtende Dürre und verheerende Unwetter sind Gottes Werk. In beiden Naturkatastrophen erfährt der Mensch Gottes schrankenlose Macht, der er hilflos ausgeliefert ist. Selbst das Irren und Verführen der Menschen untersteht seiner „Macht und Klugheit", geht also letztlich auf ihn zurück. Dies wird anhand von Beispielen erläutert. Ratgeber macht er zu Toren (in diesem Sinn ist der hebräische Text zu ändern). Richter läßt er als Narren verspotten. Könige läßt er mit den Fesseln binden, die sie anderen anlegten.

Die Priester führt er in die Verbannung. Er selbst zerstört die Grundfesten der Gerechtigkeit. Redefähigkeit und Urteilsvermögen nimmt er den Führern des Volkes. Die Adligen macht er verächtlich, und den Starken nimmt er die Macht. Mit 12,22 wird die Aufzählung der göttlichen Eingriffe in die gesellschaftliche Ordnung unterbrochen. Zofar hatte von der Tiefe der Weisheit gesprochen, die Gott dem Menschen offenbaren muß, soll er davon Kenntnis erhalten (11,6). Hier wird gesagt: Die chaotischen Taten Gottes offenbaren die erschreckenden Geheimnisse der göttlichen Weisheit. Sein Wille läßt Völker entstehen. Sein zerstörerisches Tun führt sie in den Untergang. Mag auch die Fehlentscheidung der Führer der unmittelbare Anlaß sein. Letztlich führt er ihn herbei, denn er nimmt den Verantwortlichen den Verstand und läßt sie in der „Wüste", wörtlich: „im Chaos" orientierungslos umherirren. Will man Gottes Tun mit „vernünftigen" Maßstäben messen, so kann es nur als unvernünftig bezeichnet werden. Hier tut sich eine andere Dimension auf, die mit menschlicher Weisheit nicht mehr erfaßt werden kann. Es liegt nahe, vor der absoluten Weisheit und Macht Gottes zu verstummen. Ijob tut das nicht. Erschüttert und erschreckt vermag er das unbegreifliche Tun Gottes im Lobpreis zu bezeugen.

Mit derselben sprachlichen Formulierung wie in 12,3a schließt Ijob seine Darlegung zum Thema Weisheit und Macht Gottes ab (13,2b). Er steht dem Wissen der Freunde um nichts nach. Er hat mehr gewagt als sie. Ihm genügt es nicht, die Überlieferung der Väter weiterzusagen. Mutig hat er die überkommene Lehre mit der Wirklichkeit konfrontiert und ist so der Wahrheit ein Stück näher gekommen.

Leeres Gerede (13,3–12)

Die Freunde sind ideologisch blockiert. Sie können und wollen Ijobs Schuldlosigkeit nicht anerkennen. Deshalb bleibt diesem trotz 9,2f nur der eine Weg: mit Gott zu rechten, damit er Ijobs Rechtschaffenheit anerkennt. Dann wird sich zeigen, ob Gott sein Freund oder sein Feind ist. Doch zuvor geht Ijob mit den Freunden hart ins Gericht. Er nennt sie „Lügentüncher", die mit leeren Worten den wahren Sachverhalt verdecken. Sie sind „Quacksalber", die den Kranken nicht heilen. Das Schweigen stünde ihnen deshalb besser an als das Reden. Dann könnten sie wenigstens den Anschein von Weisheit retten (vgl. Spr 17,28).

Das Vorurteil verstellt den Freunden den Weg. Sie hören gar nicht auf das, was Ijob sagt. Verzweifelt versucht er, ihre Aufmerksamkeit zu gewinnen.

Bisher haben die Freunde Ijob angeklagt. Jetzt drängt Ijob sie auf die Anklagebank. In einer Reihe rhetorischer Fragen reißt er ihnen die fromme Maske vom Gesicht und deckt ihre wahren Motive auf. Ihr übereifriges Eintreten für Gott läßt sie die Dinge unrechtmäßig verkehren. Die Wahrheit über Ijob und Gottes Handeln an ihm verfälschen sie, damit ihre Lehre über Gott vor der Wirklichkeit bestehen kann. Sie erliegen der frommen Selbsttäuschung, als Anwalt Gottes auftreten zu müssen, als wenn dieser sich nicht selbst verteidigen könnte. Wenn Gott ihre Gesinnung prüft, wird das Motiv ihrer einseitigen Parteinahme an den Tag kommen: die Furcht, es mit Gott zu verderben, und die Hoffnung, dafür belohnt zu werden. Deshalb ist ihr Reden von Gott „nicht recht" (42,7), wenngleich seine Majestät sie aus ihrer selbstsüchtigen Haltung aufschrecken müßte. Sie verbergen ihre eigennützige Frömmigkeit hinter Weisheitssprüchen, die keinen Wirklichkeitsbezug haben. Deshalb werden ihre „Merksätze" wie Staub verweht. Sie taugen nicht zur Verteidigung Gottes, da sie wie Schilde sind, deren metallene Wölbung durch weichen Lehm ersetzt wurde.

Herausforderung zum Rechtsstreit (13,13–28)

Die Freunde haben versagt. Enttäuscht wendet Ijob sich von ihnen ab. Was er in 13,3 angekündigt hat, will er jetzt tun: mit Gott um die Anerkennung seiner Unschuld rechten, koste es, was es wolle. Selbst sein Leben will er riskieren, wie er in bildhafter Redeweise (13,14) sagt. Mag Gott ihn auch töten, da keiner am Leben bleibt, der ihn sieht (Ex 33,20). Ijob will in persönlicher Gottesbegegnung seine „Wege", das heißt seinen Lebenswandel, vor ihm verteidigen. Dies tun zu dürfen, wäre für ihn bereits der Beweis seiner Unschuld, da kein „Ruchloser" Zutritt zu Gott erhält. Ijob ruft die Freunde als Zeugen seiner Worte auf, die er in der Auseinandersetzung mit Gott vorbringen will. Er weiß sich im Recht und ist überzeugt, als Sieger aus dem Rechtsstreit hervorzugehen. Kühn fordert er deshalb den Streitgegner heraus. Was aber, wenn Gott doch etwas gegen ihn vorbrächte? Dann soll sein Leben in Schweigen und Tod untergehen. Einen Augenblick lang scheint Ijob die unüberwindbare Schwierigkeit zu vergessen, Gott zu veranlassen, vor die Schranken des Gerichts zu treten (9,16–19). In einem Doppelwunsch spricht er die Bedingungen aus, die einen fairen Rechtsstreit garantieren. Einmal soll Gott das ungerechtfertigte Leiden zurücknehmen, das er über Ijob verhängt hat. Zum anderen soll er ihn nicht länger mit seinen Schrecken einschüchtern. Dann erst kann er offen und frei seine Sache vortragen. Es spricht für die Siegesgewiß-

heit Ijobs, wenn er dem Gegner großmütig die Wahl überläßt, welchen Part er im Rechtsstreit spielen will: Ankläger oder Verteidiger.
Gott schweigt. Ijob eröffnet von sich aus den Rechtsstreit in der Hoffnung, daß Gott antwortet. Er fragt nach der Zahl und der Art seiner Sünden. Rechtfertigen die Verfehlungen, begangen aus menschlicher Schwachheit, oder die weit zurückliegenden Jugendsünden (13,26) eine so harte Strafe? Gott hat sich aus seinem Leben zurückgezogen und behandelt ihn wie seinen Feind. Dabei bietet er eine Macht auf, die in keinem Verhältnis zur Ohnmacht Ijobs steht, der sich wie „verwehtes Laub" und „dürre Stoppeln" umhergetrieben fühlt. Um seine Situation zu verstehen, greift Ijob auf das Denkschema des Vergeltungsglaubens zurück. Wenn irgendwelche Verfehlungen der Grund für sein jetziges Ergehen sind, dann können das nur die Sünden der Jugend sein, für die Gott ihn jetzt haftbar macht. Er streitet sie nicht ab. Aber hat er für das, was er aus fehlender Einsicht in jugendlichem Leichtsinn tat, so bittere Leiden verdient? Mit einer dreiteiligen Bildaussage schließt Ijob seine Herausforderungsrede ab. Für ihn gibt es kein Entkommen mehr vor dem übermächtigen Gegner. Er hat ihn in den Fußblock gesperrt. Wie ein Gefängniswärter überwacht er jeden Schritt, den Ijob in der Haft tut. Mit skrupelhafter Genauigkeit sichert er Ijobs Spuren. (Die bildhafte Redeweise von der Vergänglichkeit des Menschen [13,28] gehört dem folgenden Themenkreis an und ist hinter 14,2 einzufügen.)

Zusätzliches Leid (14,1–6)
Mit einfachen, aber gerade deshalb eindringlichen Worten beschreibt Ijob das Los des Menschen. Er stellt seine aussichtslose Lage in das allgemeine Menschheitsgeschick hinein. Wie die Frühlingsblume, kaum aufgeblüht, unter dem sengenden Ostwind des Frühsommers verdorrt, und wie ein Schatten, der vorüberhuscht, so vergeht das Leben. Die Vergänglichkeit ist das unabänderliche Schicksal des „vom Weibe geborenen", das heißt schwachen und hinfälligen Menschen. Damit muß er sich abfinden. So liegt denn auch der eigentliche Grund der Klage Ijobs tiefer. Die kurz bemessene Lebensdauer wird dem Menschen durch das Eingreifen Gottes vergällt. Er spioniert dem kurzlebigen Menschen nach und straft ihn mit Schicksalsschlägen. Was Ijob bisher herbeigesehnt hat, wird hier zum Anlaß der Klage: das gerichtliche Vorgehen Gottes. Der Ausruf 14,4 wird in der christlichen Theologie ähnlich wie Ps 51,7 als „Andeutung der Erbsünde" im Alten Testament verstanden. Wenn auch keine Beziehung zu Adam hergestellt werde, so sei doch von einer

„angeborenen Sündhaftigkeit" die Rede. Die biologische Herkunft der menschlichen Schuldhaftigkeit läßt sich aufgrund des hebräischen Textes nicht beweisen. Wohl wird die Schuldverfallenheit aller Menschen deutlich gemacht. Unter Sündern wird jeder zum Sünder. – In 14,5 wird das Motiv des begrenzten Lebens wieder aufgegriffen, um Gottes Mitleid zu wecken und die folgende Bitte zu unterstützen. Der Mensch stellt keine großen Ansprüche an Gott. Es genügt ihm, wenn dieser ihn in Ruhe läßt und ihm keine zusätzliche Last aufbürdet. Dann will er sich seines Lebens freuen wie ein „Taglöhner", der des Tages Last und Hitze getragen hat.

Hoffnung und Hoffnungslosigkeit (14,7–12)
Das Geschick des Baumes und des Menschen werden gegenübergestellt. Der gefällte Baum darf „hoffen", denn sobald auch nur ein Duft von Wasser den absterbenden Baumstumpf streift, treibt er neue Schößlinge. Ganz anders der Mensch. Für ihn gibt es keine Hoffnung über den Tod hinaus. Eher trocknet das Meer aus und versiegt der Nil, als daß der Mensch zu neuem Leben erwacht. Der Tod kennt kein Zurück. Dies ist so sicher, wie „die Himmel" fest bestehen. Ijob teilt die Auffassung Israels von der Endgültigkeit des Todes (Ps 41,9; Koh 3,19f). Erst später (Dan 12,2) tritt der Gedanke von der Auferstehung der Toten in das Glaubensbewußtsein des alttestamentlichen Gottesvolkes.

Schutz vor Gottes Zorn (14,13–17)
Das unablässige Zorneshandeln Gottes ist für Ijob unerträglich geworden. Verzweifelt greift er nach dem Unmöglichen: der gütige Gott möge ihn vor dem grundlos zürnenden Gott in der Unterwelt verstecken. Das Totenreich, sonst als Land der Dunkelheit und des Grauens gefürchtet (10,21f), erscheint Ijob erstrebenswert, da es ein sicheres Asyl vor dem Zugriff Gottes bietet (Ps 88,6). Die Unterwelt galt als Land des Vergessens (Ps 88,13). Deshalb bittet Ijob, Gott möge der Zeit des Verstecktseins einen Endpunkt, ein „Ziel" setzen, an dem er sich Ijobs wieder erinnern will. Bis dahin will er seine Leidenszeit wie einen „Kriegsdienst" tapfer durchstehen und hoffnungsvoll auf Gottes gnädige Zuwendung warten. Der Schöpfer wird sein Geschöpf nicht vergessen. Hat sein Zorn sich gelegt, wird er das Gespräch mit ihm wieder aufnehmen und die Lebensgemeinschaft neu begründen. Er wird Ijob nicht mehr überwachen, um seine Fehltritte festzustellen und ihn zu bestrafen. Begangene Fehler werden unter sicherem Verschluß gehalten und mit Farbe überstrichen. Sie werden keine unheilvollen Folgen mehr haben.

Gott erfüllt die Hoffnung nicht (14,18–22)

Angesichts der unverändert leidvollen Wirklichkeit läßt Ijob die aufkommende Hoffnung hinter sich und stürzt in tiefe Resignation. Gott wendet sich seinem Geschöpf nicht liebend zu. Sein Zorn hält unvermindert an. Unwiderstehlich wie die Naturgewalten, die Berge umstürzen, Felsen von der Stelle rücken, Steine zerreiben und Erdreich wegreißen, kommt Gott über den Menschen und zerstört seine Hoffnung. Er ruht nicht, bis er sein Geschöpf überwältigt und vernichtet hat. Er läßt das Gesicht des Menschen im Tode erstarren und schickt ihn in das Land ohne Wiederkehr. Der Tote ist von den Lebenden endgültig getrennt. Er kann nicht mehr wahrnehmen, was sich unter ihnen ereignet (Koh 9,5). Selbst zu denen, die ihm im Leben nahestanden, hat er keine Beziehung mehr. In der Einsamkeit des Todes empfindet er nur noch das eigene Vergehen. Das Schattendasein des Totenreiches hüllt ihn in Trauer.

Die zweite Antwort des Elifas (15,1–35)

Sie gliedert sich in zwei Teile: Verweisrede (15,1–16) und exemplarische Warnung (15,17–35).

Gegen Ijobs Anmaßung (15,1–16)

Ijobs Worte können nicht unwidersprochen bleiben, auch wenn er von den Freunden verlangt hatte, sie sollen schweigen (13,5.13). Elifas nimmt den Fehdehandschuh auf, den Ijob ihnen hingeworfen hat (13,3–13). Er wahrt zwar seine vornehme Art, gibt aber zu verstehen, daß er seine Meinung über Ijob geändert hat. In einer Reihe von Fragen, die von Feststellungen oder Behauptungen durchbrochen wird, weist er ihn vorwurfsvoll zurecht und beschuldigt ihn der Sünde. Ijob hatte behauptet, den Freunden in Sachen Weisheit um nichts nachzustehen (12,3; 13,2). Elifas stellt die Weisheit betont an den Anfang seiner Rede und mißt Ijob an ihr. Er kommt zu einem vernichtenden Urteil. Ijobs Worte sind kraftlos und leer wie der Wind. Es fehlt ihnen die Überzeugungskraft der Wahrheit. Er redet aus dem „hohlen Bauch“ statt aus einem einsichtigen Herzen. Er disqualifiziert sich mit seinen eigenen Worten, „in denen kein Nutzen liegt“. Ein schlimmer Vorwurf für einen Weisen! Ijob zerstört Religion und Frömmigkeit („Gottesfurcht“), da er ihren Eckpfeiler, Gottes Gerechtigkeit, mit seinen gotteslästerlichen Reden ins Wanken bringt. Ijob ist kein frommer Weiser, sondern ein listiger Heuchler. Sein Reden entspringt zweckvoller Überlegung. Er klagt Gott der Ungerechtigkeit an und

lenkt so von eigener Schuld ab. Nicht die Freunde, sein eigener Mund spricht ihn schuldig, da er die Grundlage der Weisheit in Frage stellt. Die Sünde hat ihm die Worte eingesagt, die er vorbringt. Elifas setzt voraus, was Ijob bestreitet.
Wer die geltende Lehre in Frage stellt, muß sich fragen lassen, was ihn dazu berechtigt. Woher nimmt Ijob sein Wissen? Elifas spielt auf den Mythos vom Urmenschen an, der vor aller Schöpfung geboren, in der himmlischen Ratsversammlung göttliche Weisheit erwarb. Aber Ijob ist „vom Weibe geboren" (14,1). Er kann deshalb nicht wie der Urmensch übermenschliche Kenntnisse besitzen. Sein nonkonformistisches Gerede ist deshalb nur Ausdruck seiner Überheblichkeit. Um diese anzuprangern, vergröbert Elifas die Behauptung Ijobs, den Freunden an Wissen nicht nachzustehen. Er macht daraus einen Überlegenheitsanspruch, den er leicht als überheblich abtun kann. Ijobs eigenwillige Darlegungen stehen im Widerspruch zur Überlieferung. Sie offenbaren seine mangelnde Achtung vor der Weisheit des Alters.
Das Verhalten Ijobs im Leid hat Elifas enttäuscht. Weder der Trostzuspruch Gottes (4,17ff) noch die verheißungsvollen Worte Bildads (8,5ff) und Zofars (11,13ff) haben eine Sinnesänderung bewirkt. Ijob weigert sich, die Trostworte anzunehmen (16,2). Er will Gerechtigkeit, kein Mitleid, auch nicht von Gott. In seinem Ringen um Gott läßt er sich von Gefühlen mitreißen, die ein Außenstehender nur als Aufbegehren gegen den gerechten Gott deuten kann. So sieht es Elifas. Nicht Gott befeindet Ijob, sondern Ijob befeindet Gott. – Ijob irrt, wenn er behauptet, vor Gott rein zu sein. Kein Geschöpf ist vor seinem Schöpfer rein, selbst die himmlischen Wesen nicht, wie Elifas mit dem leicht abgeänderten Offenbarungswort 4,17–19 nachdrücklich sagt. Das Sündigen gehört zur menschlichen Natur. Der Mensch sündigt so leichthin und so häufig, wie er Wasser trinkt. Wie kann Ijob behaupten, Gott gegenüber im Recht zu sein?

Das Schicksal des Frevlers (15,17–35)

Mit ähnlichen Formulierungen wie Ijob (13,5f.13.17) eröffnet Elifas seine Belehrung über das schlimme Geschick des Frevlers. Er will Ijob kundtun, was er durch eigene Beobachtung gelernt hat und was die lebendige Überlieferung bis auf den heutigen Tag lehrt. Überlieferung und Erfahrung, die Erkenntnisquellen der Weisheit, sollen seine Ausführungen unangreifbar machen. Dem Wissen der Väter kommt eine besondere Autorität zu, da es, von keiner andersartigen Denkweise überfremdet, die ursprüngliche Weisheit rein und unverfälscht enthält. Ijob weicht von der Vätertradition ab. Kann er überhaupt noch den Titel eines Weisen für sich beanspruchen? – Betont stellt Elifas das Themawort „Frevler“ an den Anfang seiner Ausführungen. Bisher wußten die Freunde von seinem schlimmen Ende zu berichten. Jetzt sieht Elifas das ganze Leben des Frevlers unter Gottes Gericht. Der Schein trügt. Sein nach außen glückliches Leben wird von inneren Qualen begleitet, denn er weiß, was auf ihn zukommt. Der gewalttätige Tyrann, als den Elifas den Frevler näherhin charakterisiert, wird von Schreckensstimmen gepeinigt. Die Rachegeister der Ermordeten verfolgen ihn und lassen ihn innerlich nicht zur Ruhe kommen. Zwanghafte Vorstellungen von der Zerstörung seines Glücks drängen sich ihm auf. Unausweichlich geht er dem gewaltsamen Tod („Dunkel“, „Schwert“) entgegen. Die Angst ist zur Grundstimmung seines Lebens geworden. Zu der quälenden Angst im Innern tritt die äußere Angst. Die Sorge um das Brot wirkt seltsam bei einem Mann, der im Wohlstand lebt. Bedrängt ihn die Angst vor der Armut, die dann noch von der Angst vor dem drohenden Tod („schwarzer Tag“) überlagert wird? Bricht angesichts des Todes eine elementare Lebensgier auf? Gebündelt treffen ihn die Ängste wie ein Heer, das zum Kampf gegen ihn angetreten ist. Das Geschick des Frevlers hat seinen Grund in der Überheblichkeit, die sich in Drohgebärden Gott gegenüber kundtut. Mit unbelehrbarem Eigensinn rennt er unter Aufbietung all seiner Kraft („halsstarrig“) gegen Gott an. Er fühlt sich stark und schreckt nicht einmal davor zurück, in zerstörten Städten zu wohnen, auf denen Gottes Zorn liegt (Dtn 13,13ff; Jos 6,17). Er schert sich nicht darum, sondern tut, was ihm gutdünkt. Ijob wird nicht direkt angesprochen, aber er ist gemeint. Das Leid des Frevlers (15,20–25) soll er als sein Leid erkennen. Im Aufbegehren des Frevlers gegen Gott (15,26–28) soll er sein eigenes Tun wiedererkennen. Die Schilderung vom Ende des Frevlers (15,29–35) enthält eine versteckte Warnung an Ijob. Der angehäufte Reichtum bleibt nicht erhalten. Sein Mühen wird nicht von bleibendem Erfolg gekrönt. Die „Ähre“ neigt sich nicht fruchtschwer zur Erde. Das drohende Gericht wird wie „Flammenglut“ alles vernichten. Da er sich in seinem Leben getäuscht hat, kann am Ende nur die Enttäuschung stehen. Sein Lebenswerk gelangt nicht zur Reife, wie ein Bildvergleich aus der Natur dartut. Alle seine Unternehmungen tragen den Todeskeim bereits in sich. Der Weinstock, der die unreifen Trauben, und der Ölbaum, der die Blüten abwirft, versinnbilden das vorzeitige Ende und das erfolglose Mühen des Frevlers. Auch wenn die Gottlosen („Ruchlose“) sich zusammenrotten, sind sie Gott gegenüber ohnmächtig. Das „Feuer“, Symbol des direkten göttlichen Eingreifens (1,16), vernichtet alle, die durch Beste-

chung reich wurden. „Mühsal“ gehört zum Menschen aufgrund seines Geborenseins (5,7). Darüber hinaus gibt es ungewöhnliche Mühsal, die der Mensch durch sein Unrechttun selbst zur Welt bringt.
Ijob hatte Erfahrungstatsachen angeführt, die den weisheitlichen Grundsatz vom Tun-Ergehen-Zusammenhang widerlegen sollten: das Glück der Frevler (12,6). Geschickt weist Elifas nach, daß die Vergeltungslehre allem Anschein zum Trotz recht hat.

Die fünfte Rede Ijobs (16,1–17,16)

Sie umfaßt fünf Abschnitte. In der Eröffnung (16,1–6) weist Ijob die Freunde als „leidige Tröster“ zurück. Dann beklagt er sein Schicksal und klagt Gott wegen seines Zornhandelns an (16,7–17). Dringend wünscht er, es möge ihm vor seinem Tod ein „Zeuge im Himmel“ erstehen (16,18–22). Die Enttäuschung über die Freunde läßt ihn erneut in Klage ausbrechen (17,1–10), die mit der Klage über das hoffnungslos dahinschwindende Leben endet (17,11–16).

Trostworte ohne Mitleid (16,1–6)

Ijob ist der „Tröstungen“ der Freunde überdrüssig. Es reicht ihm. Ihre Worte ohne Mitgefühl haben sein Leid nur noch größer gemacht. Elifas hatte Ijobs Rede als „windige Kunde“ (15,2) bezeichnet. Im Stil der Parteirede vor Gericht zahlt Ijob mit gleicher Münze zurück. Was Elifas und die Freunde (15,11) vorbringen, ist nichtig und leer wie der Wind. Elifas und Ijob haben sich auseinandergeredet. Ijob versteht die gereizte Reaktion des Elifas nicht. Dieser begreift das zornige Aufbegehren Ijobs nicht (15,12f). Wenn die Rollen zwischen Ijob und den Freunden vertauscht würden, dann könnte er ebenso gut wie sie mit schönen Worten Trost spenden und mit der Gebärde des Kopfschüttelns Anteilnahme bekunden. Mit Beileidsworten würde er sie stärken. Da diese aber von den Lippen und nicht aus dem Herzen kommen, bleiben sie wirkungslos. Trösten kann nur, wer sich in die Lage des Leidenden versetzt. Er muß bereit sein, mitzuleiden, ob er redet oder schweigt. So nur wird die Brücke zum Leidenden geschlagen, über die das tröstende Wort ihn erreichen kann. Das trostlose Reden der Freunde gründet in ihrem Unvermögen, mit Ijob zu leiden. Statt dessen setzen sie alles daran, ihn von der Richtigkeit der Vergeltungslehre zu überzeugen. Das macht sie zu „leidigen Tröstern“, die „windige Worte“ verkünden.

Klage und Anklage (16,7–17)

Trösten kann nur, wer den Schmerz des anderen mitempfindet. Dieser Gedanke erinnert Ijob an die eigenen Schmerzen. Er klagt wie ein Mensch, der wehrlos der Gewalt eines anderen ausgeliefert ist. Dieser andere bleibt zunächst anonym. Doch bald wird klar, wer mit „er" und „du" gemeint ist: Gott. Er hat Ijob verfolgt, niedergerungen und erschöpft liegen gelassen. Durch sein Vorgehen gegen Ijob hat er ihn der Freunde beraubt, die mit einem von Gott Geschlagenen nichts mehr zu tun haben wollen. Die Freunde, die ihm geblieben sind, verstehen ihn nicht und bezichtigen ihn der Sünde. Das Denken Ijobs hat keineswegs die Vorstellungen der Vergeltungslehre hinter sich gelassen. Es beunruhigt ihn, daß sein „Verfall" als Belastungszeuge gegen ihn auftritt. Alle Unschuldsbeteuerungen sind nutzlos. Die Tatsachen sprechen gegen ihn. Sein Leid beweist seine Schuld. In einem babylonischen Gebet heißt es: „Als die Göttin zornig über mich war, ließ sie mich krank werden". Auch Ijob sieht in seiner Krankheit Gott am Werk. Er vergleicht sein Zornhandeln mit einem Raubtier, das sein Opfer „zerreißt". Das Knirschen der Zähne beschreibt bildlich das Verhalten der Feinde, die den Gerechten angreifen, um ihn zu vernichten (Ps 112,10). Äußerst gewagt vergleicht Ijob Gottes Zorn mit der haßerfüllten Gesinnung der Frevler. Gott ist ihm zum Feind geworden, dessen Augen ihn wie ein scharfes Schwert durchdringen. Von den feindlich und ablehnend gesinnten Menschen spricht Ijob in festgeprägten Ausdrücken der Klagepsalmen. Dem von Gott Gezeichneten schlagen Spott, Hohn und Mißachtung entgegen. Die Feinde „sperren ihr Maul auf" zu beleidigendem Spott (Ps 22,14). Sie entehren ihn mit Backenstreichen (Ps 3,8). Gott hat ihn in ihre Gewalt gegeben (Ps 31,9), ja er bildet zusammen mit ihnen eine einzige Kampffront gegen Ijob. So wird das Sichtbare zum Zeichen des Unsichtbaren. Der Zugriff Gottes kam für Ijob völlig überraschend. Er lebte friedlich. Da hat Gott ihn plötzlich überfallen, wie ein feindliches Heer ein Land im tiefen Frieden überfällt. Wie der Beter sonst über die Feinde klagt mit der Bitte um Errettung, so klagt Ijob über Gott. Die „Feindklage" wird zur unerhört scharfen Anklage Gottes. Er hat Ijob „gepackt", wie Feinde ihren Gegner ergreifen (Ps 56,1), und zu Boden geschmettert. Er hat ihn zur Zielscheibe seiner giftigen Pfeile (6,4) gemacht, die Leber und Nieren, den Sitz des Lebens, durchbohrt und Ijob tödlich getroffen haben (Klgl 3,12f). Ijob vergleicht sich mit einer befestigten Stadt, gegen die der Feind anrennt. „Bresche über Bresche" hat er in die Mauern gebrochen. Stück um Stück hat er eingerissen, was festzustehen schien: Ijobs Glück. Wie ein unwiderstehlicher Kriegsheld ist Gott gegen ihn vorgegangen. Unheimlich fremd ist Gott dem leidenden Ijob geworden. – Von der Anklage tastet sich Ijob zur Klage zurück. Er schildert sich selbst als in der Situation der Lebensminderung Klagenden. Er trägt den „Sack“, einen Trauerschurz (vgl. Jona 3,5). Das „Horn“, Sinnbild der Kraft und Stärke (1 Sam 2,1.10), hat er zum Zeichen der Erniedrigung „in den Staub gesenkt“. Er gesteht seine Ohnmacht ein. Sein Weinen bekundet das Leid, das er zu tragen hat. Der Tränenschleier trübt seine Sehkraft. Die Klage endet mit einer Reinheitserklärung. Ijob hat den Mitmenschen kein Unrecht zugefügt. Sein aufrichtiges Gebet hat Gottes Ehre nicht gemindert. Dennoch muß er leiden. Auf dem Boden der Vergeltungslehre bleibt das Ijobproblem ein unlösbares Rätsel.

Der Zeuge im Himmel (16,18–22)

Im Angesicht des unaufhaltsamen Todes wünscht Ijob, sein Blut möge den Klageschrei aufnehmen, wenn sein Mund im Tod verstummt. Blut, das am Tatort unbedeckt bleibt, schreit zum Himmel um Rache (Gen 4,10). Dieser „Hilfeschrei“ kann von Gott nicht überhört werden. Er muß einschreiten und Recht schaffen. „Nun aber“, diesseits der Todesgrenze, weiß Ijob im Himmel jemand, der seine Unschuld bezeugt und für ihn sich verbürgt. Es bleibt offen, wer dieser Zeuge und Bürge ist. Denkt Ijob an einen himmlischen Fürsprecher (33,23), der im Gegensatz zum Satan (1,6–12) als guter Freund (6,14) in der Ratsversammlung Gottes für ihn eintritt? Wahrscheinlich ist „der Zeuge im Himmel“ kein anderer als Gott selbst (16,20b). Gott, der Ijobs Recht beugt, ist zugleich der Schiedsmann, der ihm Recht gegen Gott verschafft und eben dadurch auch den Streit mit den Freunden schlichtet. Das einseitige Bild von dem willkürlichen und menschenfeindlichen Gott wird durchbrochen. Der menschenfreundliche und rechtschaffende Gott tritt ins Blickfeld. Angesichts der spannungsreichen Wirklichkeit Gottes bleibt dem Glaubenden nur die Hoffnung, daß der „Freund-Gott“ über den „Feind-Gott“ siegt. Dies muß bald geschehen, denn Ijobs Leben neigt sich dem Ende zu.

Ein gebrochener Mann (17,1–10)

Der Tod ragt machtvoll in Ijobs Leben hinein (16,22). So wird das Todesschicksal zum Thema neuer Klage. Die gebrochene Lebenskraft („Geist“) kündet das Erlöschen des Lebens an. Die Grabkammern warten bereits auf ihn. Ijob ist verbittert. Die Freunde haben kein Verständnis für ihn aufgebracht. Rechthaberisch sehen sie auf ihn herab und lassen ihn ihre Verachtung spüren. Von den Menschen verlassen wendet er sich an den, der in dieser

Lage allein noch helfen kann. Gott soll sich bei Gott für ihn verbürgen. Ohne es zu wissen, appelliert er an den Gott, der sich dem Satan gegenüber für Ijobs religiöse und sittliche Ganzheit verbürgt hat (1,8; 2,3). Die Redewendungen sind dem Pfand- und Bürgschaftsrecht entnommen. Durch Handschlag wird die Bürgschaft rechtskräftig (Spr 6,1; 11,15; 17,18). Der Bürge übernimmt die Verantwortung für den Angeklagten, der aufgrund der gezahlten Kaution aus der Haft entlassen wird. Die Freunde kommen als Bürgen nicht in Frage. Sie halten Ijob für schuldig. Gott hat ihnen die Einsicht genommen, so daß sie hartnäckig an ihrem Vorurteil festhalten. Gott selbst zwingt Ijob zu Gott. Er wird das letzte Wort über ihn sprechen (42,7), nicht die Freunde. Das Sprichwort (17,5) läßt sich nur schwer erhellen. Wahrscheinlich soll das Verhalten Gottes („er") Ijob gegenüber verdeutlicht werden. Trotz seines großen Besitzes läßt er Ijob elend umkommen. Anstatt sich seiner anzunehmen, gibt er ihn dem Spott der Menschen preis. Unter dem göttlichen Zornhandeln schwindet Ijob dahin. Sein Verfall kennzeichnet ihn als „Ruchlosen", von dem sich die „Redlichen" entsetzt abwenden. Elifas hatte Ijob vorgeworfen, er zerstöre Religion und Frömmigkeit (15,4). Dem stellt Ijob seinen Entschluß entgegen, an seinem Lebenswandel unter Gott festzuhalten. Weder Spott und Hohn noch Krankheit und Tod können ihn von seinem Weg abbringen. Leid und Schmerz müssen nicht in die Verzweiflung führen. Wer die Schläge, die ihn treffen, annimmt, „gewinnt an Kraft". Erneut sucht Ijob das Gespräch mit den Freunden, auch wenn er ihnen die Grundvoraussetzung eines Weisen absprechen muß. Ihnen fehlt der Blick für die Wirklichkeit. So täuschen sie sich selbst und die anderen.

Resignation (17,11–16)

Nüchtern und realistisch beurteilt Ijob seine Lage. Es gibt keine Chance mehr für ein Leben in Glück und Freude. Dahin sind die Pläne, die er ersonnen. Die Wünsche seines Herzens wurden Stück um Stück zerrissen. Der unausweichliche Tod wirft seinen Schatten voraus. Die Freunde irren, wenn sie meinen, sie könnten ihm „die Nacht zum Tag" machen, indem sie ihm neues Heil für den Fall seiner Umkehr verheißen (5,17ff; 8,20f; 11,13ff). Ihre Einbildung hat sie genarrt. Wenn Gott nicht einschreitet, bleibt nur noch der Weg in das Land ohne Wiederkehr. Ijob äußert kein Entsetzen vor der Unterwelt. Resigniert findet er sich mit seinem Schicksal ab. Die Unterwelt wird sein „Haus" sein, in dem er aus Decken sein Lager bereitet (vgl. Ps 139,8). Wie häufig in der Ijobdichtung gehen Grab und Totenwelt ineinander über. Neue verwandtschaftliche Bindungen stellen sich für den Toten ein. Grab und Gewürm werden zu seinen „Verwandten". Die rhetorische Frage (17,15) fordert ein Nein. Hoffnung und Glück überdauern den Tod nicht. Wie der Mensch keinen Besitz ins Grab mitnehmen kann (Ps 49,18), so muß er auch Hoffnung und Glück zurücklassen. Für Ijob steht fest: mit dem Tod ist alles aus. Soll Ijob gerechtfertigt werden, so muß dies vor seinem Tod im Lande der Lebenden geschehen.

Die zweite Antwort des Bildad (18,1–21)

Sie umfaßt die Eröffnung (18,1–4), die Lehrerzählung vom Schicksal des Frevlers (18,5–20) und eine kurze Zusammenfassung des Lehrbeispiels (18,21).

Verletzter Stolz (18,1–4)

Mit denselben Worten der Ungeduld wie in 8,2 beginnt Bildad seine zweite Antwort. Zunächst redet er die Freunde an. Sie sollen Ijob gegenüber ihre vornehme Zurückhaltung aufgeben. Bisher hatten sie ihn nicht direkt und ausdrücklich als Sünder bezeichnet. Das soll jetzt anders werden. Besonnen, aber kräftig sollen sie ihm zusetzen, um ihn von der Richtigkeit der Vergeltungslehre auch in seinem Fall zu überzeugen. Bildads Gelehrtenstolz ist tief verletzt. Ijob hat ihm und den übrigen Freunden Einsicht und Weisheit abgesprochen (17,4.10) und sie so auf eine Stufe mit dem vernunftlosen Vieh (Ps 32,9; 73,22) gestellt. Arrogant betrachtet er sie als ausgesprochen „dumm" (der hebräische Text „unrein" ist zu korrigieren). Ijob setzt die Freunde herab, um selbst groß zu erscheinen. Er tut so, als ob er der Mittelpunkt der Welt wäre, um den sich alles drehen muß. Das Ordnungsgefüge der Welt soll zusammenbrechen, damit die Unschuld des Sünders Ijob anerkannt wird. Nicht der Zorn Gottes (16,9), sondern sein maßloses Hadern mit seinem gerechten Geschick richtet ihn zugrunde.

Das Schicksal des Gottlosen (18,5–21)

Ijob irrt gründlich, wenn er meint, seinetwegen müsse die Weltordnung aufgehoben werden. Die Vergeltungslehre bleibt gültig. Den Frevler wird mit innerer Notwendigkeit das Unglück ereilen. „Der Frevler Licht erlischt" (18,5). Wie das Herdfeuer und die Leuchte im Zelt Zeichen für ein gesichertes und glückliches Leben sind, so zeigt ihr Erlöschen das Ende des Bewohntseins und des Lebensglückes an. – Mag der Frevler auch noch so weit ausschreiten, um von Erfolg zu Erfolg zu stürmen, eines Tages wird der Pfad enger und seine Schritte werden kürzer. Seine eigenen Pläne bringen ihn zu Fall. Die schicksalwirkende Tat hat ihn eingeholt und seinen Erfolg zunichte gemacht. – Die Fanggeräte des Jägers versinnbilden die Gefahr, die dem Frevler droht. Wie sie ihre Beute nicht mehr freigeben, so gibt es für den Frevler kein Entkommen mehr. – Rachegeister („Schrecken") heften sich an seine Ferse, hetzen ihn und lassen ihn nicht zur Ruhe kommen. Wie eine Person hungert das Unheil nach ihm. Das Verderben liegt gleichsam auf der Lauer, um ihn zu vernichten.

Dem Frevler steht ein grauenvolles Ende bevor. Eine schreckliche Krankheit („des Todes Erstgeborener") „frißt" buchstäblich Haut (so ist das hebräische Wort in 18,13a wiederzugeben) und Knochen auf. Diesem Krankheitsbild entspricht die gefürchtete Lepra, die den Kranken rettungslos dem „König der Schrecken", wie der Tod in dichterischer Personifizierung genannt wird, in die Arme treibt. Wie Zeltstricke wird die Zuversicht des Frevlers ausgerissen. Seine Wohnstätte ist leer und verlassen. Sein Wohngebiet wird geächtet wie eine eroberte und zerstörte Stadt (vgl. Ri 9,45). Der Frevler gleicht dem Baum, der von der Wurzel her verdorrt ist. Für den antiken Menschen, der ohne Jenseitserwartung in den Tod ging, gab es nur einen Trost: die Erinnerung an ihn unter seinen Nachkommen. Selbst dieser Trost wird dem Frevler genommen. Keiner denkt mehr an ihn. So wird er „vom Licht ins Dunkle" gestoßen. Das Vergessen ist endgültig, da der Frevler keine Nachkommen hat, die sein Andenken in Ehren halten. Vor einem solchen Tod erfaßt die Menschen in Ost und West bares Entsetzen. – Das Schlußurteil gibt Auskunft über das Wesen des Frevlers. Was den Menschen letztlich zum Frevler macht, ist seine Stellung zu Gott. Der Frevler kümmert sich nicht um Gott und Gottes Weisung („der Gott nicht kennt"), sondern tut, was ihm gefällt.

In seinem Lehrbeispiel spricht Bildad den Ijob nicht direkt an, wohl aber spielt er unverkennbar auf Ijobs Geschick an (18,13.19).

Die sechste Rede Ijobs (19,1–29)

Sie gliedert sich in folgende Abschnitte: Abwehr grundloser Schmähungen (19,1–5); Gottes unbegreifliches Vorgehen (19,6–12); Ijobs Vereinsamung (19,13–22); Gewißheit und Hoffnung (19,23–29).

Abwehr grundloser Schmähungen (19,1–5)

Bildads Lehrbeispiel und sein hartes Schlußurteil haben Ijob getroffen. Er kann sie nicht einfach als „windige Worte“ (16,3) abtun. Frommes Gerede kann „quälen“. Worte können „niedertreten“. Das hat Ijob zu spüren bekommen. Die Freunde haben das Ziel ihrer Reden erreicht: Ijob ist seelisch und körperlich erschöpft. Er vermag keinen Widerstand mehr zu leisten. In der bedrohten Lage wendet er sich an das Mitgefühl der Freunde, die dem Todkranken immer wieder („zum zehnten Male“, vgl. Gen 31,7) mit Schimpf und Spott zusetzen. Ijob erhebt nicht den Anspruch der Sündlosigkeit. Wenn er aus kreatürlicher Schwäche gefehlt hat, dann geht das nur ihn allein etwas an. Sie haben kein Recht, über ihn zu Gericht zu sitzen, es sei denn, daß sie die von ihnen behauptete Schuld als Grund für Ijobs Schmach beweisen könnten.

Das unbegreifliche Vorgehen Gottes (19,6–12)

Die Freunde urteilen voreingenommen und parteiisch: Der Grund für Ijobs Leiden liegt in seiner Schuld. Ijob kann nicht anders, als den Grund seiner Leiden in Gott zu suchen. Die Freunde sollen endlich erkennen, daß Gott an ihm Unrecht und Gewalt verübt. Wie ein Jäger hat er das Fangnetz über ihn geworfen. In seiner Not hat Ijob den Zeterruf „Gewalt“ ausgestoßen und laut schreiend sein Recht eingeklagt. Aber keiner, weder Gott noch Mensch, hat sich erhoben, um Ijob Recht zu verschaffen. Gott hat seine Situation ausweglos gemacht (vgl. 3,23). Durch die Unglücksschläge hat er Ijob als Sünder gebrandmarkt und ihn so seiner Ehre beraubt. Gott hat nicht nur Breschen in die Mauern gebrochen (16,14), er hat sie niedergerissen. Schutzlos ist Ijob Gott ausgesetzt, der ihn als Feind betrachtet, gegen den er seine Kriegsscharen in Bewegung setzt: Schmerzen, Schrecken, Ängste.

Vereinsamt (19,13–22)

Die Krankheit und hinter ihr stehend Gott, haben Ijob zu einem anstößigen Geschöpf gemacht. Die natürlichen Beziehungen zu den Mitmenschen sind zerstört. Ijob ist ein einsamer Mann geworden. Die nächsten Verwandten („Brüder“) und Bekannten hat Gott ihm entfremdet. Blutsverwandte und Fremde, die in seinem Haus als Gast weilten, kennen ihn nicht mehr. Die Mägde meiden jeden Kontakt mit ihm. Für sie steht er außerhalb der Gemeinschaft. Das Verhältnis zu den Knechten hat sich geradezu umgekehrt. Ijob muß sie um einen Dienst anflehen und erhält keine Antwort. Seine Frau und seine Brüder ekeln sich vor seinem stinkenden Atem. Die Kinder auf der Straße reizt das Ungewohnte seiner Krankheit und seiner Hilflosigkeit zum Spott. Selbst seine Vertrauten, die ihn kennen müßten, stehen voll Abscheu gegen ihn. Völlig abgemagert und ohne körperlichen Halt, erbarmenswürdig und

doch ohne erbarmende Zuwendung fühlt Ijob sich von Gott und den Menschen verlassen.
Körperlich und seelisch am Ende bittet Ijob die Freunde, sich seiner zu erbarmen und seine Unschuld anzuerkennen. Nicht er trägt die Schuld an seiner Krankheit, „Gottes Hand" hat sie ihm grundlos zugefügt (2,5). Aber die Freunde bilden zusammen mit Gott eine Front gegen ihn. Seine flehentliche Bitte rührt sie nicht. Sie bleiben bei ihrem Urteil über Ijob. Mit ihren unbewiesenen Behauptungen fallen sie über ihn her, um ihn zu zerreißen.

Gewißheit und Hoffnung (19,23–29)

Das Ringen des leidenden Ijob um seine Rechtfertigung strebt dem Höhepunkt zu. Angesichts des sich nähernden Todes kommt ihm der Gedanke, seine Unschuldsbeteuerung („meine Worte") schriftlich an die Nachwelt zu übermitteln. Wenn sein Mund im Tod verstummt, soll die in Fels gemeißelte und mit Blei ausgegossene Inschrift „für immer" der Anschuldigung der Freunde widersprechen und Ijobs Unschuld verteidigen.
Kaum erwogen, verwirft Ijob diesen Gedanken. Die Inschrift ist überflüssig, denn noch zu Lebzeiten wird er seine Rechtfertigung erfahren. Das „Doch" der Übersetzung gibt die hebräische Adversativpartikel wieder, die eine gegensätzliche Aussage einleitet. Am Rande der Verzweiflung erwächst Ijob die Glaubensgewißheit: „Mein Erlöser lebt" (19,25a). Diese Gewißheit entläßt aus sich die Hoffnung auf sein Einschreiten zugunsten Ijobs. „Erlöser" oder „Löser" (hebräisch *Goel*) bezeichnet an anderer Stelle (Num 35, 12.19ff) den Bluträcher. Dieser hat das Recht und die Pflicht, den Ermordeten zu rächen. In Spr 23,11 bezeichnet „Löser" den Anwalt im Rechtsstreit, der für die Waisen eintritt und ihnen Recht verschafft. Der Rechtsstreit Ijobs mit Gott und den Freunden legt dieselbe Bedeutung in 19,25a nahe. Wer ist der Anwalt, von dessen Existenz Ijob so fest überzeugt ist? In Spr 23,11 dürfte Jahwe als Anwalt der Armen gemeint sein. Sicher tritt Jahwe als Anwalt Israels in Jer 50,34 auf. Obwohl nicht ausdrücklich genannt, dürfte der „Löser" in 19,25a kein anderer sein als Gott selbst (vgl. 16,18ff; 23,2ff; 31,35). Ijob weiß, daß er „lebt", das heißt, daß er jederzeit wirkmächtig für ihn eintreten kann, auch wenn er sich erst „als Letzter erhebt". „Erheben" bezeichnet das Auftreten der Zeugen (Ps 27,12) und des Richters (Ps 94,16) im Rechtsstreit. Ijob richtet seine ganze Hoffnung auf das Auftreten Gottes. Er wird das letzte Wort haben und Ijob auf der Erde vor den Freunden rechtfertigen. Den geschundenen (7,5; 18,13) und abgemagerten (19,20) Ijob bewegt nur noch ein Wunsch: „Gott zu schauen". In seiner irdischen Existenz möchte er den hilf-

reichen und freundlichen Gott erfahren. Hier kündigt sich bereits die spätere Gotteserscheinung an (vgl. 42,5). Bevor diese sich ereignet, wird Ijob von Sehnsucht nach dem Gott, der ihm nicht mehr Feind, sondern Freund sein wird, verzehrt. Ijob hat Gott als „Netzfallensteller, Willkürgewaltigen, Verächter des Rechts, Wegvermaurer, Ehrenräuber, Zerknicker, Zornerbrennender, Anfeinder, Belagerer" (F. Stier) erlebt. Aber er trägt auch ein unzerstörbares Vertrauen in sich, das ihn alles von diesem Gott erhoffen läßt und von sonst niemand.
Die Warnung Ijobs an die Freunde stellt den Streitpunkt zwischen den Parteien noch einmal klar heraus. Die Freunde sehen den „Grund der Sache" in Ijobs Schuld. Sie bieten ihre ganze Kraft auf, dies zu beweisen, um ihren Vorwurf aufrechterhalten zu können. Der wahre Sachverhalt wird an den Tag kommen, wenn Gott als Anwalt auftreten und Ijob ins Recht setzen wird. Dann wird das Strafgericht Gottes über sie kommen. Sie werden dem Schwert verfallen.

Die zweite Antwort des Zofar (20,1–29)

Nach einer kurzen Einleitung (20,1–3) schildert Zofar breit ausmalend das Schicksal des Frevlers (20,4–29).

Einleitung (20,1–3)
Zofar bleibt seinem Charakter als „Heißsporn" (11,2ff) treu. In ihm „drängt" und „stürmt" es. Vor allem hat ihn Ijobs Vorwurf erregt, den Freunden fehle die Einsicht in den wahren Sachverhalt seines Geschicks (19,28f). Er empfindet die Worte Ijobs als beleidigende Unterstellung, die er heftig und erregt zurückweist. Betont spricht er vom „Geist meiner Einsicht", der ihn die Antwort geben läßt. Ijobs Worte haben nicht die Spur einer Meinungsänderung bewirkt. Zofar beharrt auf dem Standpunkt der rationalen Vergeltungslehre, die Gott und Welt zu einer festen Ordnung verbindet, in der Gott das Gute belohnt und das Böse bestraft. Das Thema „Schicksal des Frevlers" muß deshalb erneut dazu herhalten, um die Richtigkeit und Gültigkeit dieser Lehre zu beweisen. Dabei fehlt es nicht an versteckten Beschuldigungen Ijobs.

Das Los des Frevlers (20,4–29)
Das Thema wird in 20,4f eingeführt. Seit Anfang der Schöpfung weiß man, wie es sich mit dem Schicksal des Frevlers verhält. Seine Freude dauert nur kurze Zeit. Sein Glück erweist sich als Scheinglück. Diesem Wissen „von Ur-

zeit her" kann Ijob nicht widersprechen, auch wenn er es in seinem Leben nicht bestätigt findet. Ein alter Mythos wußte von der Selbstüberhebung und vom Sturz des Stolzen zu erzählen (vgl. Ez 28). Dasselbe Geschick trifft den Frevler. Seinem jähen Aufstieg folgt der frühzeitige Sturz und die völlige Vernichtung. Wie Kot wird er hinweggefegt (vgl. 1 Kön 14,10). Wie nie gewesen, ist er verschwunden, so daß man erstaunt fragt: „Wo ist er?" (vgl. Ps 37, 10.36). Das Dasein des Frevlers ist flüchtig wie ein Traum, der beim Erwachen verfliegt (vgl. Ps 73,20). Auch sein unrechtmäßiger Besitz schwindet dahin. Was er erworben hat, müssen seine Kinder zurückerstatten. Sie werden zu Habenichtsen, die bei Armen betteln müssen. Selbst die strotzende Gesundheit des Frevlers ist nur Schein. Mit ihm sinkt seine jugendfrische Kraft ins Grab. Zofar spricht eine eindeutige Sprache. Aber seine Ausführungen entspringen mehr einem Wunschdenken als der Wirklichkeitserfahrung.

Der Frevler läßt sich vom Bösen täuschen. Es erscheint ihm angenehm und verlockend (vgl. Gen 3,6). Lustvoll kostet er es „unter seiner Zunge" aus und „hält es tief in seinem Gaumen fest". Doch dann tut das süße Gift seine Wirkung (vgl. Spr 20,17). Der Böse geht an seiner Sünde zugrunde. Gegen das „Natterngift" der Sünde gibt es kein Gegenmittel. Dem Tun folgt das Ergehen mit innerer Notwendigkeit. Die Lebensfreude – symbolisiert durch die Lebensgüter des Kulturlandes: Öl, Milch und Honig – wird dem Frevler entzogen. Vers 20,15 dürfte hinter 20,16 einzufügen sein. Gott zwingt den Frevler, das unrecht erworbene Gut wieder herzugeben. Es ist ihm nicht vergönnt, sich daran zu erfreuen.

Das alles widerfährt ihm, weil er den sozial Schwachen unterdrückt und ausbeutet. Ungerechtigkeit und Unbarmherzigkeit gelten der Lebensweisheit als Kennzeichen des Frevlers (Spr 14,31; 21,10; 22,16). Seine Begierde ist unersättlich. Kaum gestillt, entbrennt sie von neuem. Von ständiger Unruhe wird er umhergetrieben. Sein scheinbares Glück hat keinen Bestand. Gott läßt das Verderben auf ihn niederregnen wie einst die chaotischen Wasser der Sintflut (Gen 7,11f), wie Feuer und Schwefel, die auf das sündige Sodom niederfielen (Gen 19,24). In der Bildsprache des Krieges wird das unausweichliche Geschick des Frevlers geschildert. Er flieht vor dem Gegner, der ihm in eiserner Rüstung entgegentritt. Doch den Fliehenden trifft der todbringende Pfeil, der die Galle durchbohrt, die wie die Nieren als Sitz des Lebens galt (vgl. 16,13). Wie Feuer verzehrt ihn das Gottesgericht. Es gibt für ihn und seine Sippe kein Entkommen. Himmel und Erde werden beim Gericht Zeugnis gegen den Bösen ablegen (Dtn 30,19; Mi 6,1f). Nichts von dem, was er getan, wird verbor-

gen bleiben. Das Strafgericht wird in einem Bild dargestellt. Wie eine Wasserflut ein leicht gebautes Haus hinwegspült, so wird Gott am „Tag seines Zornes“ den Frevler vernichten.
Das kurze Glück des Frevlers (20,5) wird nach ausführlicher Schilderung abschließend betont als „Anteil von Gott“ her bestimmt. Tat und Tatfolge sind nicht nur innerweltlich miteinander verknüpft. Gottes Gerechtigkeit garantiert ihren notwendigen Zusammenhang. In dieser Perspektive sieht Zofar das Schicksal Ijobs, wie seine Anspielungen erkennen lassen (vgl. 20,15.17–22).

IV. Der dritte Redegang (21,1–27,23)

Zum dritten und letzten Mal tritt Ijob in die Auseinandersetzung mit den Freunden ein. Wer eine zielstrebige Diskussion erwartet, die geradlinig zur Lösung des Problems führt, wird enttäuscht. Anstatt neue Argumente ins Feld zu führen, greifen die Streitenden auf früher Gesagtes zurück. Das Gespräch bewegt sich im Kreis. Im Vergleich mit den vorangegangenen Redegängen fällt auf, daß Zofar auf Ijobs Rede nicht mehr antwortet und Bildad eine sehr kurze Antwort gibt (25,1–6). Die vorletzte (23,1–24,25) und letzte Rede (26,1–27,23) Ijobs an die Freunde weist Sprünge auf. Der literarkritische Befund spricht für eine spätere Überarbeitung des dritten Redewechsels, bei der einige Textteile verlorengingen und andere eingefügt wurden.

Die siebte Rede Ijobs (21,1–34)

Im zweiten Redegang hatten die Freunde das Schicksal des Frevlers als Hauptargument für die Richtigkeit und Gültigkeit der Vergeltungslehre angeführt. Sie sprachen vom Frevler allgemein und meinten Ijob. Das zwingt Ijob, sich mit dem Zusammenhang von Tun und Ergehen auf dem Hintergrund der göttlichen Gerechtigkeit auseinanderzusetzen. An die ausführliche Einleitung mit der Bitte um Gehör (21,1–6) schließt er die Darlegung über das Glück des Frevlers an und widerlegt die Einwände (21,7–21). Dann befaßt er sich mit dem unbegreiflichen Tun Gottes (21,22–26) und endet mit einer Zurechtweisung der Freunde (21,27–34).

Bitte um wirkliches Zuhören (21,1–6)

Die Freunde hatten sich aufgemacht, um Ijob zu trösten (2,11). Doch bereits an der Voraussetzung echten Tröstens sind sie gescheitert; sie haben den Menschen Ijob in seiner persönlichen Not gar nicht wahrgenommen. Mit ihren Worten sind sie nicht auf ihn eingegangen, sondern haben an ihm vorbeigeredet. Für Ijob wäre es ein Trost, wenn sie wirklich einmal zuhören könnten. Er bittet sie, ihn zu ertragen, auch wenn das, was er sagt, ihnen gegen den Strich geht. Danach können sie mit ihren Spottreden fortfahren, falls ihnen nicht die Lust daran vergangen ist. Sie haben keinen Grund für ihr widerwilliges Gehabe, denn Ijob richtet sich mit seiner Klage nicht an sie, sondern an Gott, dessen Schweigen ihn ungeduldig macht. Was er sagen will, erfordert äußerste Aufmerksamkeit. Sie sollen in Schweigen („legt die Hand auf den Mund!“) erstarren. Was Ijob sagen will, läßt ihn selbst erschrecken, denn es bringt ihn in die Nähe des Unglaubens. Er wird die allgemeine Gültigkeit des Vergeltungsdogmas aufgrund seiner persönlichen Erfahrung bestreiten.

Das Glück des Frevlers (21,7–21)

Mit der Warum-Frage leitet Ijob den Angriff auf die sittliche Weltordnung der Weisheit ein. Das Glück der Frevler steht für ihn außer Diskussion. Das Leben widerlegt die Behauptung der Freunde vom Scheinglück der Frevler, was Ijob ihnen mit lebensnahen Beispielen nachweist. Zum Glück des alttestamentlichen Menschen gehört eine große und gesunde Kinderschar. Den Frevlern wird sie als bleibende Freude geschenkt (anders die Freunde: 18,19; 20,26). Die „Rute“ des göttlichen Gerichtes trifft sie nicht. Sie wohnen in Sicherheit ohne Furcht vor Unglücksschlägen (anders die Freunde: 15,34; 18,15; 20,28). Ihr Besitz mehrt sich ständig (anders die Freunde: 15,29; 20,10.15ff). Sie feiern fröhliche Feste (vgl. Jes 5,12; Am 6,5). Keine Spur von Angst findet sich bei ihnen (anders die Freunde: 15,20ff; 18,11). Die Bösen sterben friedlich. Ihr Tod beschließt ein erfülltes Leben. Die Frevler leben nicht nur gottvergessen in den Tag hinein. Sie sagen sich ausdrücklich von Gott los. Die „Wege Gottes“ sind die Orientierungslinien des Menschen (Spr 4,10–19). Die Frevler kümmern sich nicht darum. Sie beziehen Gott in ihre Nützlichkeitserwägungen ein und kommen zu dem Schluß: ohne Gott wirft das Leben mehr Profit ab. Gebet und Gottesdienst sind deshalb nutzlos. Sie haben ihr Lebensschicksal selbst in die Hand genommen (die griechische Übersetzung von 21,16 rät zu dieser Korrektur des hebräischen Textes).

Ijob bestreitet die Strafgerechtigkeit Gottes nicht grundsätzlich. Wohl aber fragt er, ob sie immer wirksam wird. Nur dann kann die Vergeltungslehre Allgemeingültigkeit beanspruchen. Ein einziges Gegenbeispiel genügt, um diesen Anspruch zu widerlegen. Bildad hatte behauptet, daß die Leuchte des Frevlers erlösche (18,5f) und das Unglück über ihn komme (18,12). Ijob fragt: „Wie oft?“ Die Lebensweisheit vergleicht den Frevler mit der Spreu, die beim Worfeln des Getreides vom Wind fortgetragen wird (Ps 1,4). Wiederum fragt Ijob: „Wie oft?“ Die Antwort kann nur lauten: selten. Der Anspruch der Vergeltungslehre auf Allgemeingültigkeit ist widerlegt. Was aber, wenn Gott nicht den Frevler selbst, sondern an seiner Stelle dessen Kinder bestraft (vgl. Ex 20,5)? Dann würde das Glück des Frevlers dem Vergeltungsdogma nicht widersprechen. Erst spätere Generationen könnten im Rückblick über seine Gültigkeit befinden. Ijob greift diesen möglichen Einwand auf und weist ihn zurück (vgl. Ez 18,2; Jer 31,29f), denn nur eine individuelle Vergeltung rechtfertigt die Vergeltungslehre. Der Frevler muß die Strafe zu spüren bekommen. Was seinen Kindern nach seinem Tod widerfährt, berührt ihn nicht mehr (14,21).

Das unberechenbare Tun Gottes (21,22–26)

Die Lehre der Freunde stellt Gott und Mensch unter das Gesetz der vergeltenden Gerechtigkeit. Sie schreibt Gott vor, was er als Garant der sittlichen Ordnung zu tun hat. Gegen diese Anmaßung wendet sich Ijob. Wie kann der Mensch den über die Vergeltungsgerechtigkeit belehren wollen, der selbst die Engel richtet (Ps 82,1)? Gott läßt sich nicht durch ein ausgedachtes System festlegen. Sein Tun bleibt unberechenbar. Warum der eine mit einem glücklichen Leben beschenkt wird, der andere aber um sein Lebensglück gebracht wird, läßt sich rational nicht ausmachen. Die Lehre von Tat und Tatfolge vermag das Geheimnis nicht zu erhellen. Das Ergehen entspricht nicht immer dem Tun, wie die erfahrbare Wirklichkeit deutlich zeigt. Für den Glücklichen wie für den Unglücklichen endet das Leben im Tod. Eine Vergeltung jenseits der Todesgrenze kennt Ijob nicht.

Die Wirklichkeit ist anders (21,27–34)

Ijob mag sagen, was er will, sein Schicksal spricht gegen ihn. Es gibt den Freunden recht, die ihn für einen Frevler halten. Nur so können sie den Fall „Ijob“ theologisch bewältigen. Der Mensch wird dem System, die Wahrheit der Lüge geopfert. Das Zitat (21,28) gibt die Aussage der Freunde (18,21; 20,28) nicht wörtlich, sondern sinngemäß wieder. Der Frevler wird unter dem Bild des gottlosen Herrschers („Edle“) dargestellt, dessen Leben sich in der Öffentlichkeit abspielt und deshalb von allen beobachtet werden kann. Wer kann aufrichtig behaupten, die Wohnstätte des Tyrannen sei vernichtet worden? Wer in der Welt herumgekommen ist und nicht sein Lebtag im elfenbeinernen Turm seiner Gelehrsamkeit gesessen hat, weiß etwas ganz anderes glaubwürdig zu berichten: Am „Unglückstag“, in Krieg und Katastrophen blieb der Tyrann unversehrt. Sein Haus wurde nicht zerstört, wie Zofar behauptet hatte (20,28). Siegreich hat er alle Bedrängnis und Gefahr überstanden. Der Gewaltmensch kann tun, was er will. Keiner tritt ihm entgegen und stellt ihn zur Rede (vgl. Koh 8,4). Keiner übt Vergeltung. Wenn er stirbt, wird er mit großem Pomp beigesetzt. Seine Grabstätte wird gegen Räuber geschützt. Sein Grabdenkmal hält die Erinnerung an ihn lebendig. Ganz im Gegensatz zu der Behauptung Bildads (18,17)! Das Andenken des Frevlers schwindet nicht dahin. Das Grab wird ihm zum Ort friedvollen Ausruhens. – Die Worte der Freunde halten der Wirklichkeit nicht stand. Sie können Ijob in seinen Fragen nicht weiterhelfen. Sie bereiten ihm keinen „Trost". Was Ijob den Freunden früher vorgeworfen hat (13,7ff), muß er ihnen erneut vorhalten: Sie mogeln sich um des eigenen Vorteils willen an der Wirklichkeit vorbei.

Die dritte Antwort des Elifas (22,1–30)

Das Gespräch verlagert sich von der sachlichen auf die persönliche Ebene. Dadurch treten die Gegensätze noch schärfer hervor. In der kurzen Einleitung (22,1–3) stellt Elifas die Frage nach dem Nutzen der Frömmigkeit. Dann geht er zur offenen Beschuldigung Ijobs über (22,4–11). Er äußert den Verdacht, Ijob stelle das Interesse Gottes an der Erde in Frage und verwarnt ihn (22,12–20). Schließlich verheißt er Ijob neues Glück, wenn dieser zu Gott umkehrt (22,21–30).

Vom Nutzen der Frömmigkeit (22,1–3)

Elifas greift die skeptische Frage nach dem Nutzen der Frömmigkeit auf, die Ijob dem Frevler in den Mund legte (21,15), und beantwortet sie. Gott nutzt die Frömmigkeit nichts, wohl aber dem Menschen. Sie garantiert ihm das Glück. Der „Kluge" sieht das ein und lebt danach. Gott hat keinen „Gewinn", wenn der Mensch seine Gebote befolgt. Das an Gottes Willen orientierte Leben schlägt allein für den Menschen zu Buche. – Die Frömmigkeit wird aus der lebendigen Wechselbeziehung zwischen Gott und Mensch herausgenommen. Gott agiert nicht mehr. Er reagiert nur noch als der gerechte Vergelter. Das Motiv der Frömmigkeit wird auf das eigene Wohlergehen reduziert. Die Frömmigkeit wird zur Gesetzesreligion.

Offene Beschuldigung Ijobs (22,4–11)

Wenn Gott nur reagiert, dann kann der Grund für Ijobs Leid nur in ihm selbst und nicht in Gott liegen. Gott bestraft nicht Religion und Frömmigkeit („Gottesfurcht"). So bleiben nur Ijobs „Bosheit" und „Verschulden" als Grund für die Strafe. Die Logik der Lebensweisheit läßt keine andere Möglichkeit offen. Sie ist zwingend und Ijob muß sich ihr beugen. Das Sündenregister, das Elifas aufstellt, kennzeichnet Ijob als skrupellosen und unbarmherzigen Gewaltmenschen. Schwer hat er sich auf dem Gebiet des menschlichen Miteinander verfehlt. Woher weiß Elifas um die Sünden Ijobs? Der Prolog bietet keinen Anhaltspunkt für die Beschuldigungen. Ijob selbst verwahrt sich gegen sie in einem feierlichen Schwur (31,16–23). Elifas erschließt die Vergehen Ijobs aus dessen Schicksal: Wer so schwer leidet, der muß schwere Schuld auf sich geladen haben. Die Anschuldigungen sind nicht ein Spiegelbild des gelebten Lebens, sondern ein „Postulat der Doktrin" (G. Hölscher). Deshalb trägt das Bild, das Elifas von dem Sünder Ijob zeichnet, keine individuellen, sondern typische Züge. An erster Stelle nennt er die unbegründete Pfändung der Volksangehörigen („Brüder"). Hartherzig hat er den dürftig Bekleideten das Letzte genommen, obwohl das Gesetz das Lebensnotwendige von der Pfändung ausschloß (vgl. Dtn 24,6). Gepfändete Kleider mußten bis zum Sonnenuntergang zurückgegeben werden (Ex 22,25f; Dtn 24,12f). Selbst gegen dieses Gebot scheint Ijob verstoßen zu haben. Aus fehlendem Mitgefühl hat er dem Durstigen keinen Schluck Wasser und dem Hungrigen kein Stück Brot gegeben. Er wurde reich, weil er den sozial Schwachen („Witwen", Verwaisten"), die besonderen Schutz genießen (Ex 22,21f), das Land gewaltsam weggenommen hat (vgl. Mi 2,1f.9). „Deswegen", so folgert Elifas, sind Unglück und Leid über Ijob gekommen. Gottes Strafe hat ihn getroffen. Er muß das Schicksal des Frevlers erleiden (15,21f; 18,5f.8–11).

Gott kümmert sich um die Erde (22,12–20)

Die „Höhe", in der Gott wohnt, ermöglicht es ihm, alles auf Erden zu sehen und zu erforschen (Ps 33,13f). Im Gegensatz dazu behaupte Ijob, Gott könne gar nicht um ihn wissen und sein Tun richten, da eine dichte Wolkenschicht ihm den Einblick in das Geschehen auf der Erde verwehrt. Diese Unterstellung reiht Ijob unter die Frevler ein, die Gottes richterliche Gewalt leugnen (vgl. Jes 29,15; Jer 23,23f; Ez 8,12; Ps 10,11). Elifas warnt Ijob vor den Folgen seiner „Weltanschauung". Wenn er daran festhält, wird es ihm ergehen, wie es den Frevlern seit je ergangen ist: Der Tod wird sein Leben vorzeitig beenden (vgl. 15,32). Leichtfertig sagen sich die Frevler von Gott los. Dennoch füllt er „ihre Häuser mit Gütern". – Diese Feststellung könnte Ijob treffen (vgl. 21,7–11). Zu Elifas paßt sie schlecht. – Das Psalmmotiv von der Freude der Frommen über den Untergang der Gottlosen (vgl. Ps 52,8; 69,33; 107,42) soll der Warnung des Elifas Nachdruck verleihen. Das göttliche Zorngericht wird die Bösen vernichten. Am Ende wird Gottes Strafgerechtigkeit triumphieren.

Umkehr zu Gott (22,21–30)

Im zweiten Teil seiner Antwort schlägt Elifas einen versöhnlicheren Ton an. Er findet wieder zu Mahnung und Verheißung, jetzt allerdings in einer neuen

Sicht. Ijob soll das freundschaftliche Verhältnis zu Gott wiederherstellen. Bei diesem Geschäft kann er nur profitieren. Kraß wird der Nutzwert der Frömmigkeit herausgestellt (vgl. 22,2) und das Verhältnis zu Gott von hierher geregelt. Ijob ist gut beraten, wenn er die Unterweisung der Lebensweisheit annimmt, die göttlichen Ursprungs ist und von Elifas als Offenbarungsempfänger (4,17ff) vermittelt wird. Im ersten Redegang mahnten die Freunde Ijob, im Gebet zu Gott seine Zuflucht zu nehmen, um seine Wiederherstellung zu erlangen (5,8ff; 8,5ff; 11,13ff). Das Gebet allein reicht jetzt nicht mehr aus. Eine radikale Umkehr des Sünders Ijob zu Gott tut not. Er muß seine Lebensführung ändern und das Böse von sich fernhalten. – Die Umkehr der Haltung führt zu einer Umkehr der Werte. Kostbares Metall wird wertlos, weil ein kostbarerer Schatz gefunden wurde: Gott selbst. – Die Folge der Umkehr wird in 22,26 genannt: Ijob wird seines Gottes wieder froh werden. Wie einer, der vor Gericht freigesprochen wurde, darf er sein Haupt erheben (vgl. 10,15; 11,15). Was Gott dem Frommen verheißt (Ps 91,15), wird auch Ijob zuteil: Gott wird seine Gebete erhören. Was er für die Gebetserhörung gelobt hat, kann er einlösen. Mit der Frömmigkeit kehrt das Glück zurück, das sein Leben überstrahlen wird. Ijob kann aufatmen. Ganz anders ergeht es dem Hochmütigen. Gott wird ihn „ducken". Nur den Demütigen rettet er aus der Not. Wenn Ijob seine Hände von Sünden rein hält, wird seinetwegen sogar der Sünder gerettet (vgl. 42,8; Gen 18,26). Warnung und Verheißung bilden das letzte Wort, das Elifas an Ijob richtet.

Die achte Rede Ijobs (23,1–24,25)

Die achte Rede Ijobs enthält in Kapitel 24 Texte, die sich nur schwer oder gar nicht in seine Beweisführung einfügen. Die Reihenfolge in Kapitel 24–27 scheint gestört zu sein. Die „Einheitsübersetzung" schlägt deshalb eine neue Anordnung vor. Die Auslegung folgt dem Ergebnis der literarkritischen Untersuchung von G. Fohrer und betrachtet 24,1–25; 26,5–14; 27,7–10.13–23 als nachträglich eingefügte Weisheitstexte. – Der ursprüngliche Teil der achten Rede (23,1–17) umfaßt den Wunsch Ijobs, in der Begegnung mit Gott sein Recht zu erstreiten (23,1–12), und die Klage über die Ohnmacht des Menschen dem allgewaltigen und willkürlichen Gott gegenüber (23,13–17). Der sekundäre Text (24,1–25) gliedert sich in zwei Teile: Das übermütige Treiben der Gottlosen (24,1–17); das Ende der Frevler (24,18–25).

Der Wunsch nach dem Rechtsstreit mit Gott (23,1–12)

Auf die Beschuldigungen des Elifas geht Ijob nicht ein. Sie treffen nicht zu. Deshalb kann er auch nicht den Weg der Umkehr gehen. Sein „Widerspruch" richtet sich gegen sein Schicksal und die Lehre, mit der die Freunde sein Leid erklären. Zum wiederholten Male muß er ihnen sagen, daß der Grund seiner unheilvollen Lage nicht in ihm, sondern in Gott liegt. „Seine Hand" drückt ihn nieder. Wenn er nur zu ihm gelangen könnte, er ließe es auf eine Kraftprobe ankommen. Mit dem Bewußtsein ethischer Unanfechtbarkeit würde er seine Beweise vorbringen und seine Rechtfertigung erzwingen. Aber wird der allmächtige Gott sich überhaupt auf einen Rechtsstreit mit Ijob einlassen? Wird er nicht wie bisher fern und unzugänglich sein? Ijob ist bereit, selbst eine willkürliche Behandlung in Kauf zu nehmen, wenn Gott ihn nur beachtet. Dann könnte er als „Redlicher" den göttlichen Richter von seiner Unschuld überzeugen und den Freispruch erlangen. Die Enttäuschung über Gott, der sich nicht finden läßt (23,8f), unterbricht den Gedankengang, der dann in 23,10 wieder aufgenommen wird. Die Tatsache, daß Gott um seinen Lebenswandel weiß, läßt Ijob zuversichtlich sein. Selbst wenn er ihn erneut prüfte (vgl. Ps 17,3), käme er zu demselben Ergebnis: Ijob ist lauter wie Gold, das im Schmelzofen geläutert wurde (vgl. Ps 66,10). In der Sprache der Psalmen (vgl. Ps 18,22; 37,34) beteuert Ijob seine Unschuld und Rechtschaffenheit. Elifas muß ihn nicht eigens ermahnen, Gottes Weisung anzunehmen (22,22). Er trägt das wegweisende Wort Gottes „im Herzen".

Der Willkürgott (23,13–17)

Beim Gedanken an die Begegnung mit Gott schlägt die Zuversicht plötzlich in Angst um. Was nützt es Ijob, wenn er im Recht ist? Wird der über alles erhabene Gott sich nicht über seinen Rechtsanspruch und seine Beweisgründe hinwegsetzen? Der Mensch kann Gott nicht zur Rechenschaft ziehen. Es gibt keine Maßstäbe für das göttliche Handeln. Er tut, was ihm gutdünkt, und keiner kann ihn daran hindern (vgl. 9,12; 11,10). Die Willkür Gottes versetzt Ijob in Schrecken, nicht seine Schuld, wie Elifas meint (22,10). Das Dunkel des Unheils wurde ohne jeden Grund auf ihn gelegt. Vor dem furchtbaren Gott bleibt Ijob nur der Aufschrei der Klage und Anklage.

Das übermütige Treiben der Gottlosen (24,1–17)

Warum läßt Gott das übermütige Treiben der Frevler zu? Warum greift er nicht richtend und strafend ein? Der Grund dafür liegt in Gott. Er hat keine

„Fristen“ bei sich festgesetzt, das heißt er hat die Bestrafung der Frevler gar nicht vorgesehen. Die Frommen warten vergeblich auf „seine Gerichtstage“. Sie werden sie nicht erleben. – Wie brutal und rücksichtslos die Frevler handeln, wird an Hand von Beispielen aufgezeigt. Sie erweitern ihren Landbesitz, indem sie die Grenzsteine versetzen und so den Kleinbauern das Land wegnehmen, was im Alten Testament ausdrücklich verboten wird (Dtn 19,14; Spr 22,28; 23,10) und mit dem Fluch belegt ist (Dtn 27,17). Sie nehmen den kleinen Leuten das Vieh weg und treiben es frech in aller Öffentlichkeit auf die eigene Weide. Sie vergreifen sich am Eigentum der Witwen und Waisen und nehmen ihnen, was sie zum Erwerb des Lebensunterhaltes dringend benötigen. Diese Untat galt in Israel als besonders verwerflich (vgl. Jes 1,23). Das Gesetz verbietet, das Kleid einer Witwe zu pfänden (Dtn 24,17). Wieviel schlimmer ist es, ihr das Kind als Pfand wegzunehmen (24,9). Die Frevler bilden die einflußreiche Schicht und drängen die Armen an den Rand der Gesellschaft. Bedeutungslos und entmenschlicht vegetieren sie dahin. – Das Bild der Armen wird mit harten Strichen gezeichnet. Wie der Wildesel sind sie in der Steppe auf Nahrungssuche. Was sie dort finden, reicht nicht aus, um das Leben zu fristen. Die Not zwingt sie, die Felder der Reichen zu plündern und in den Weinbergen der Frevler „Nachlese“ zu halten. Zum Hunger tritt die Kleidungs- und Wohnungsnot. Ihre dürftige Kleidung schützt sie nicht gegen die Kälte. Ohne feste Hütten sind sie den Naturgewalten schutzlos ausgesetzt. Wie ein Tier ducken sie sich an den schützenden Fels. – Finden sie Arbeit, so wird ihr Elend noch größer (24,10–12). Die Gewalthaber nützen ihre Arbeitskraft rücksichtslos aus. Was dem Vieh gewährt werden muß (Dtn 25,4), wird ihnen vorenthalten. Bei der Ernte dürfen sie keine Ähren zerreiben, um mit den Körnern ihren Hunger zu stillen. Beim Treten der Kelter dürfen sie ihren Durst nicht mit einem Schluck Most löschen. Sie stöhnen unter der harten Fron, doch der Anwalt der Armen (Ps 146,7–9) hört sie nicht. Ihr Schrei nach Gerechtigkeit geht ins Leere. Die Gesellschaftskritik wird zur Gottesfrage. – Die schamlose Ausbeutung in aller Öffentlichkeit (24,2ff) genügt den Gewaltmenschen nicht. Sie sind „Rebellen gegen das Licht“. Nachts begehen sie Verbrechen (24,13b), die nicht ans Licht kommen dürfen: Mord und Ehebruch (22,14–17). Wie ein Dieb schleicht sich der Frevler ins Haus und tötet „Elende und Arme“. Der Ehebrecher wartet, bis es dunkel wird, um nicht erkannt zu werden (vgl. Spr 7,9). Die Frevler scheuen das Tageslicht. Ihr „Morgen“ beginnt mit Anbruch der Dunkelheit. Sie machen die Nacht zum Tag. Die Nacht schreckt sie nicht mehr.

Das Ende der Frevler (24,18–25)

Im Gegensatz zu 24,1 wird der Gerichtstag des Frevlers mit Gewißheit erwartet. Die Strafe wird ihren „Anteil", Äcker und Weinberge, treffen. Dort wird es nichts mehr zu ernten geben. Schnell und sicher, wie die Hitze das Schneewasser verdunstet, wird ein plötzlicher Tod den Frevler hinwegraffen. Sein Andenken verschwindet. Selbst die Mutter wird seiner nicht mehr gedenken (vgl. dagegen Jes 49,15). Zwei gegensätzliche Beispiele veranschaulichen die Sünde des Frevlers: Mit der Unfruchtbaren hat er Umgang gehabt. Der Witwe hat er keine Nachkommenschaft erweckt, worauf sie der Sitte der Schwagerehe gemäß ein Recht hat. – Herrscher, die mit verwerflichen Mitteln an die Macht kamen, werden abgetan, wenn Gott sich erhebt (20,6–11). Gott räumt ihnen zwar einen Freiraum für ihr Handeln ein, so daß sie sich in Sicherheit wiegen. Aber, er behält ihren „Weg" im Auge. Unerwartet kommt sein Gericht über die Mächtigen und vernichtet sie. Mit der Aufforderung, den Ausführungen zuzustimmen, schließt das Kapitel.

Die dritte Antwort des Bildad (25,1–6)

Der erhabene Gott und der sündhafte Mensch (25,1–6)

Die letzte Antwort Bildads an Ijob liegt nur bruchstückhaft vor. Anfang und Schluß fehlen. Frühere Aussagen des Elifas (4,17ff; 15,14f) werden erneut aufgegriffen, um den zentralen Gedanken 25,4 zu formulieren. Auf diesen zielen die einleitenden Verse. Von ihm kommen die abschließenden Verse her. Bildad wendet sich gegen den selbstbewußten Ijob, der sich seines Sieges im Rechtsstreit mit Gott gewiß ist (23,2–12). Dabei lenkt er den Blick auf das Herrschen Gottes in den „Höhen". Durch sein kraftvolles und schreckenerregendes Herrschen hat er den Konflikt unter den himmlischen Gewalten beendet und Frieden geschaffen. Der alte Mythos vom Götterkampf (Ps 82; Jes 14,12–14; 24,21f) schimmert durch, ohne daß er weiterentwickelt wird. Gottes Machtfülle und Majestät sollen herausgestellt werden. Demselben Zweck dient der Hinweis auf die Himmels- und Naturkräfte, die ihm wie ungezählte „Scharen" zur Verfügung stehen. Wenn er zum Gericht erscheint, wird seine Herrlichkeit alles überstrahlen.

Was ist der „Weibgeborene" diesem Gott gegenüber? Verschwindet seine kreatürliche Kleinheit nicht vor der Erhabenheit dieses Gottes? Rechtsansprüche und Unschuldsbeteuerungen fallen vor ihm in sich zusammen. Wenn die himmlischen Boten unglaubwürdig (4,18) und die Engel schuldig sind (15,15), wenn selbst das Licht der Gestirne in seiner Reinheit vor ihm nicht bestehen kann (25,5), wieviel weniger kann dann der Erdenwurm Mensch im Bewußtsein seiner Unschuld vor ihn treten? Das letzte Wort Bildads greift auf das Offenbarungswort 4,17ff zurück, um es Ijob als Warnung vor übersteigertem Selbstbewußtsein entgegenzuhalten.

Die neunte Rede Ijobs (26,1–27,23)

Zum ursprünglichen Bestand der neunten Rede Ijobs gehören 26,1–4; 27,1–6.11–12. Die letzten Verse künden eine Belehrung an, die dann aber nicht erfolgt. Wahrscheinlich hat sie bereits Bekanntes enthalten und wurde bei der Bearbeitung des Ijobbuches durch andere Texte ersetzt. In dem erhaltengebliebenen Redeteil weist Ijob einleitend die Meinung Bildads zurück (26,1–4). Dann bekräftigt er mit einem Eid seine Unschuldsbeteuerung (27,2–6) und kündigt eine Belehrung über Gottes Tun an, obwohl die Freunde aufgrund eigener Erfahrung darum wissen müßten (27,11–12). Der sekundäre Teil umfaßt ein Loblied auf Gottes Allmacht (26,5–14) und einen Weisheitstext über das Schicksal des Frevlers (27,7–10.13–23).

Kraftlose Worte (26,1–4)

Bildads Rede über die Erhabenheit Gottes und die Sündhaftigkeit des Menschen mit der deutlichen Warnung, im Rechtsstreit mit Gott den Bogen nicht zu überspannen, hat Ijob enttäuscht. Mit bitterer Ironie rühmt er Bildads Hilfe für den Schwachen und bewundert sein „Wissen in Fülle". Welch wertvollen Rat der Schulweisheit hat er ihm, „der nicht weise ist", gegeben! Woher kommt solche Weisheit? Handelt es sich um gottgewirkte Einsicht, wie Elifas immer wieder behauptet (4,12ff; 15,11; 22,22) und Bildad stillschweigend voraussetzt (25,4ff)? Durchwirkt Gottes „Atem" kraftvoll seine Worte (32,8)? Nein! Nicht Gottes Kraft und Weisheit spricht aus den Freunden, sondern Menschenweisheit, die auch durch Wiederholung nicht an Überzeugungskraft gewinnt. Ihre Worte bleiben „nichtige Reden" (27,12), die an der Wirklichkeit vorbeigehen und Ijob nicht helfen.

Unschuldsbeteuerung unter Eid (27,2–6)

Die Unschuldsbeteuerungen Ijobs haben die Freunde nicht überzeugt. Sein Leid spricht für sie eine eindeutige Sprache. Sie bleiben bei ihren Verdächtigungen und Beschuldigungen. Deshalb greift Ijob zum Letzten, das ihm bleibt. Er stellt seine Unschuldsbeteuerungen unter einen feierlichen Eid. Die Eidesformel bringt die ganze innere Zerrissenheit Ijobs zum Ausdruck. Er schwört bei dem Gott, der ihm „das Recht entzogen“ hat und der seine Seele mit Leiden „quält“. Wo sonst von heilvollen Erfahrungen die Rede ist (vgl. Jer 23,7f), spricht Ijob nur vom Unheil, das ihm widerfuhr. Er wagt einen hohen Einsatz: Gott soll nicht leben, wenn Ijob lügt. Bis zu seinem letzten Atemzug wird er zu diesem Schwur stehen. Lug und Trug wird er nicht reden. Seine Unschuldsbeteuerung ist wahr. Er kann den Freunden nicht recht geben, will er nicht gegen die innere Wahrhaftigkeit verstoßen. Sie gehört zu seiner religiös-sittlichen Ganzheit, die er nicht „preisgeben“ kann, will er sich nicht selbst aufgeben. – Im Prolog hatte Gott dem Satan gegenüber im Blick auf Ijob erklärt: „Noch immer hält er fest an seiner Frömmigkeit“ (2,3). Am Ende des Dialogs mit den Freunden erklärt Ijob: „An meinem Rechtsein halte ich fest“ (27,6a). Er kann dies mit gutem Gewissen („Herz“) tun, das keinen seiner Tage verurteilt.

Gottes Allmacht (26,5–14)

Der Dichter des Lobliedes „durchwandert“ das dreistöckige Weltall. Überall weist er auf die Macht Gottes hin, die alles vermag. Ganz tief unter der Erde liegt, umgeben vom Urmeer, die Unterwelt. Gottes Macht findet an ihr keine Grenze (vgl. Am 9,2; Ps 139,8). Unverhüllt liegt sie vor seinen Augen (Ps 139,8.11f). Wenn er erscheint, erbeben die Schattenwesen der Unterwelt („Totengeister“) und die Seeungeheuer („Bewohner“) des Weltozeans. „Norden“ ist keine geographische, sondern eine kosmische Bezeichnung. Dort erhebt sich der Berg, wo die Götter sich versammeln (Jes 14,13f). Die Erde erscheint dem antiken Menschen wie eine Scheibe, die auf dem Weltozean „schwimmt“ oder, wie es hier heißt, „aufgehängt“ ist. Obwohl sie nicht fest aufruht, bricht sie nicht ein. Die Wolken galten dem altorientalischen Menschen nicht als verdampftes Wasser, sondern als Schläuche, die gewaltige Wassermassen in sich bergen (38,37; Spr 30,4). Es erregte Staunen, daß diese feinen Gebilde nicht zerrissen. Im hebräischen Text 26,9 ist wahrscheinlich „Vollmond“ statt „Thron“ zu lesen. Das Gewölk dient dazu, den hellen Schein des Mondes zu verdecken. Wer „spannt“ den Himmel aus wie ein Zelt und „hängt“ die Erde über den Wassern auf? Wer „bindet“ die Wassermassen in den Wolken und „verschließt“ den Anblick des Mondes? Der Dichter antwortet: Er – Gott. Ihm allein kommt diese Macht zu.

Der Schöpfergott hat Grenzen gezogen zwischen den Wassern und dem Himmelsgewölbe. Der Horizont bildet, eingeritzt wie eine Kreislinie, die Grenze zwischen Licht und Finsternis. Die „Säulen des Himmels“ sind die Berge am

Horizont, die das Himmelsgewölbe tragen. Sie „erzitterten", als der Schöpfer gegen die Chaosmächte kämpfte (Jes 50,2; Ps 18,16; 104,7). „Meer", „Rahab" und „flüchtige Schlange" (= Leviatan 3,8; 40,25ff) sind Namen für den Chaosdrachen, den Gott kraftvoll und klug überwunden hat. Wie faszinierend machtvoll offenbart sich dieser Gott! Und dennoch: diese gewaltigen Taten sind nur die „Säume seines Waltens". Sie sind nur ein „Flüstern" im Vergleich zum „Donnern seiner Macht". Sie lassen den Menschen die Machtfülle dieses Gottes erahnen.

Verwünschung des Gegners (27,7–10)

Der Weisheitsdichter verfährt mit seinem Gegner wie der Psalmbeter mit seinen Feinden. Er setzt ihn dem Frevler gleich und wünscht ihm dessen Schicksal. Wenn Gott seinem Leben eine Ende setzt, vermag der Frevler diesen Beschluß nicht rückgängig zu machen. In Not und Bedrängnis fleht er vergeblich zu Gott. Das zerstörte Gottesverhältnis macht die Erhörung seiner Gebete unmöglich. Der Gottlose steht ohne Hoffnung da. Er hat sein Leben verwirkt.

Das Los des Frevlers (27,13–23)

Gott hat den „Anteil" und das „Erbe" des Frevlers festgesetzt. Stück um Stück wird es ihm zugeteilt. Die zahlreiche Kinderschar, ein Zeichen göttlichen Segens (vgl. 1,2; Ps 127,3; 128,3f), wird durch Krieg und Hunger vernichtet. Was übrigbleibt, bringt der schwarze Tod, die Pest, ins Grab. Die Witwen des Frevlers werden keine Leichenklage halten, was die Strafe noch verschärft (vgl. Jer 22,18). Die angehäuften Schätze des Frevlers werden verstreut. Den Gerechten fallen sie zu (Spr 13,22). Sein Haus hat keinen Bestand. Es hält nicht länger als das Gewebe einer Spinne (8,14f) und die Schutzhütte, die der Feldhüter sich aus Reisig und Laub baut. Über Nacht verliert er alles, was er zusammengerafft hat. Ihn selbst erwartet der Tod. Die Rachegeister der Ermordeten („Schrecken") jagen ihn und holen ihn ein wie die „Wasserflut", vor der es kein Entkommen gibt (22,11.16; Ps 18,17). Der gefürchtete Wüstenwind packt den Frevler und wirbelt ihn fort für immer (vgl. 20,9). „Händeklatschen" und „Zischen" hatten ursprünglich eine antidämonische Funktion. Die an Trümmerstätten hausenden Dämonen sollten verscheucht werden. Die „Abwehrgesten der Angst" (G. Fohrer) wurden später zum Ausdruck des Spotts und der Schadenfreude (Klgl 2,15). Die Gerechten werden über die Frevler spotten (vgl. 22,19f).

V. Das Lehrgedicht über die Weisheit (28,1–28)

Auf die dialogische Auseinandersetzung folgt in Kapitel 28 ein liedartiges Gedicht, das in bildreicher Rede über die Weisheit belehrt. Der Kehrvers (28,12.20) fragt nach dem Wo und dem Woher der Weisheit. Darauf antworten 28,21–23: Der Ort der Weisheit bleibt dem Menschen verborgen. Nur Gott kennt ihn. Er allein weiß den Weg, der zu ihr führt. Die Freunde hatten für sich die Weisheit beansprucht und sie Ijob abgesprochen (8,8–10; 11,2ff; 15,2.8). Ijob hatte sie deshalb verspottet (12,2; 13,5; 26,3). Ijob und die Freunde stimmen darin überein, daß der Mensch Weisheit erwerben kann (vgl. Spr 4,5). Hier wird nun das genaue Gegenteil behauptet. Der Weisheitslehrer, der in Kapitel 28 zu Wort kommt, gebraucht zwar den herkömmlichen Ausdruck „Weisheit", verbindet damit aber andere Vorstellungen als die Vertreter der Bildungs- und Lebensweisheit. Er versteht darunter die Wirklichkeit, die entweder als selbständige Größe neben Gott steht oder als göttliche Kraft von Gott geschaffen und als Person gedacht wurde (vgl. Spr 1–9; Sir 24; Weish 9). Bei der Weltschöpfung war sie zugegen (28,25–27). Sie trug zur göttlichen Weltordnung bei und ging als deren Geheimnis in sie ein. Dem Menschen bleibt der Blick in das, „was die Welt im Innersten zusammenhält" (O. Eißfeldt), verwehrt. Er muß deshalb in resignierter Selbstbescheidung auf letzte Fragen nach dem Warum verzichten. – Die stilistischen und inhaltlichen Unterschiede zur übrigen Ijobdichtung kennzeichnen Kapitel 28 als sekundäre Einfügung, die wahrscheinlich im dritten Jahrhundert erfolgte.

Der Forscherdrang des Menschen (28,1–11)

Den Menschen drängt es, die Erde zu erforschen. Er zwingt sie, ihre Geheimnisse preiszugeben. Der Bergbau, der nur hier im Alten Testament ausführlich geschildert wird, dient als Beispiel für den Wagemut und das Geschick des Menschen. Um die wichtigen Erze Silber und Gold, Eisen und Kupfer zu bergen, dringt der Mensch ins Dunkle des Erdinneren vor. Sklaven graben Schächte, durch die Licht fällt und in denen sie ohne festen Halt arbeiten. Kraft seines Verstandes vermag der Mensch kostbare Steine ausfindig zu machen, die dem Tier für immer unzugänglich sind. Stollen werden in den Berg getrieben, um an „Kostbarkeiten" heranzukommen. Weder der sprichwörtlich harte Kiesel noch die Wasseradern können das Vordringen aufhalten. Der Mensch weiß mit diesen Schwierigkeiten fertig zu werden. Mit berechtigtem Stolz schließt der erste Abschnitt: „Verborgenes bringt er ans Licht" (28,11b).

Die Weisheit bleibt unerreichbar (28,12–19)

Wie weit der forschende Geist des Menschen auch vordringt, mit wie viel Geschick er auch immer der Erde ihre verborgenen Schätze zu entreißen weiß, zur Weisheit dringt er nicht vor. Ihr „Zuhause" liegt jenseits aller menschlichen Möglichkeiten. Auf der bewohnten Erde befindet sich ihre Wohnung nicht. Die Urflut (Gen 1,2) kennt sie nicht. Die Lebensweisheit galt als kostbarer Besitz (Spr 3,14f). Die Weisheit, von der das Gedicht spricht, übertrifft diese an Wert. Gold, Silber und kostbare Kristalle vermögen ihren Wert nicht aufzuwiegen.

Gott allein kennt die Weisheit (28,20–28)

Wie Gott selbst, so bleibt die Weisheit den Menschen verborgen. Die hoch am Himmel kreisenden Vögel können sie nicht erspähen. Die Unterwelt und der Tod haben nur ein „Raunen" von ihr vernommen. Nur einer kennt ihren „Ort" und den „Weg": Gott. Wie ein selbständiges Wesen steht die Weisheit Gott gegenüber. Daß sie geschaffen wurde, wird hier nicht gesagt. Dennoch erscheint sie nicht losgelöst von Gott. Er kennt sie, wo immer sie wohnt, und verfügt über sie. Bei der Schöpfung hat er alles der Weisheit entsprechend geordnet (vgl. Spr 8,27–31; Weish 8,1). Vier Schöpfungswerke machen dies vor allem deutlich: das Gewicht des Windes, das ihm Wucht verleiht; das Maß, das die maßlosen Wassermassen begrenzt; die festen Regenzeiten; der vorgezeichnete Weg der Gewitterwolken. „Damals" hat Gott die Weisheit „gesehen" und „gezählt", das heißt zum Inbegriff der Weltordnung gemacht. Er hat sie „festgestellt" und „erforscht", um nach ihr die Welt zu erschaffen. – Eine spätere Zeit hat die Behauptung von der Verborgenheit und Unzugänglichkeit der Weisheit abgeschwächt (28,28). Es gibt eine Weisheit, die dem Menschen zugänglich ist: die Gottesfurcht. Das mag den Frommen trösten, widerlegt aber nicht die Aussage von Kapitel 28, da es hier nicht um die Lebensweisheit mit ihren praktischen Anweisungen, sondern um eine ganz andere Weisheit geht.

VI. Die Herausforderungsreden Ijobs (29,1–31,40)

Das Streitgespräch zwischen Ijob und den Freunden hat zu keinem Ergebnis geführt. Jede Partei hat ihre Argumente vorgebracht, und doch hat keine die andere überzeugt. Unversöhnlich stehen sich die Streitenden gegenüber. Auf dieser Gesprächsebene kann keine Entscheidung mehr fallen. Deshalb sucht Ijob die Antwort in der direkten Begegnung mit Gott. In seinen Reden, die wie ein Schlußplädoyer vor Gericht wirken, konfrontiert er sein einstiges Glück mit seinem jetzigen Elend (29,1–30,31). Dann folgt der Reinigungseid mit der Herausforderung Gottes (31,1–40). Tatsächlich ruft Ijob das Auftreten Gottes hervor. Die Herausforderungsreden bereiten die Gottesrede (38,1ff) unmittelbar vor.

Erste Rede: Sehnsucht nach dem vergangenen Glück (29,1–25)

Von Gott gesegnet (29,1–6)

Ijob eröffnet seine Reden mit dem Wunsch, das frühere Glück (1,2f) möge ihm wiedergeschenkt werden. Diesem Wunsch dient der nostalgische Rückblick auf die glückliche Zeit seines Lebens. Er wird verstärkt durch die Schilderung der gegenwärtigen Not. Der Reinigungseid soll seine Verwirklichung vorbereiten. Die Herausforderung Gottes soll die Erfüllung herbeiführen. Ijobs Wunsch läßt sich in einem Wort zusammenfassen: Geborgensein in Gottes Schutz, wie einst, als „seine Leuchte“ und „sein Licht“ über ihm erstrahlten. „Licht“ und „Leuchte“ versinnbilden Segen und Heil (Ps 18,29), die Ijob vor Unheil („Dunkel“) bewahrten. Sein Glück gründete in der Freundschaft Gottes, der „mit ihm“ war. Das Mitsein Gottes zeigte sich in der Segensfülle, mit der er beschenkt wurde: Kinderreichtum und Wohlstand.

Von den Menschen geehrt (29,7–10.21–25)

Der Segen Gottes überstrahlte nicht nur das familiäre, sondern auch das öffentliche Leben Ijobs. Am Stadttor kamen die „Alten“, die „Fürsten“ und die „Edlen“ zusammen. Sie bildeten die Rechtsgemeinde, deren Aufgabe es war, die Streitfälle zu entscheiden (vgl. 31,21; Spr 22,22; 31,23.31). Wenn Ijob dorthin kam, um seinen Platz einzunehmen, wichen die jungen Leute ehrfürchtig zurück. Die Alten erhoben sich zum Zeichen der Hochachtung und blieben stehen, bis Ijob sich gesetzt hatte. Die Vorsteher hielten mit der Rede inne und den Sippenhäuptern verschlug es die Sprache, wenn er eintraf. Das

Verhalten der Mitmenschen macht deutlich, wie groß Ijobs Ansehen in der Gemeinde war. Sprach er, schwiegen alle Anwesenden. Sein Wort hatte Gewicht. Hatte er geredet, galt die aufgeworfene Frage als entschieden. Wie notwendig sein Rat war, wird mit dem Hinweis auf den lebenspendenden Regen verdeutlicht, der als Frühregen die Aussaat ermöglicht und als Spätregen das Gedeihen der Frucht und den guten Ertrag sichert. Ijobs Lächeln in der Ratsversammlung flößte Vertrauen und Zuversicht ein. Das „Leuchten" seines Antlitzes ermutigte die Mutlosen (vgl. Spr 16,15). Sein Wort als Vorsitzender der Versammlung gab den Ausschlag. Er bestimmte den „Weg", der einzuschlagen war. Seine Autorität war unumstritten.

Gesegnet, weil gerecht (29,11–17)

Der von Gott gesegnete Ijob wird von den Menschen glücklich gepriesen. Das „Denn" (29,12) leitet die Begründung für die Segensfülle ein: Ijobs Gerechtigkeit. Gerechtigkeit bewährt sich im Sich-Kümmern um den Mitmenschen. Sie hat eine gesellschaftliche Dimension. Sie gehört zum Idealbild eines israelitischen Weisen (vgl. Spr 3,27f; 14,21.31; 19,17; 22,9; 28,17; 29,14; 31,5.8f.20), das Ijob verkörperte (30,25; 31,13.16f.19f). Sein soziales Verhalten widerlegt die Anschuldigung des Elifas (22,6–9). – In geläufiger Ausdrucksweise (vgl. Ps 72,12) zählt er die Hilfsbedürftigen auf, für die er gesorgt hat: Witwen und Waisen, Arme und Verlorene, Blinde und Lahme. Mit der Fürsorge eines Vaters (Ps 68,6) hat er sich der sozial Schwachen angenommen. Die unparteiische Prüfung der Rechtssache, die von einem Unbekannten vor ihn gebracht wurde, kennzeichnet den Ernst seiner rechtlichen Gesinnung. Er hat nicht nur geredet, er hat auch gehandelt. Die Unterdrücker und Rechtsbrecher hat er bekämpft und ihnen das unrecht erworbene Gut entrissen. Ijobs Haltung, Reden und Tun machten ihn zu einem Gerechten, was im Bild der Kleidung zum Ausdruck gebracht wird, die ihn rundum bedeckte (vgl. Ps 132,9).

Der Mensch denkt (29,18–20)

Ijob erwartete ein Leben voll Glück, Gesundheit und Wohlstand. Mit Hilfe der Phönixsage hebt er seine hohe Lebenserwartung ins Bild. Wie der Phönix nach einem ungewöhnlich langen Leben mit seinem Nest verbrennt, um dann als neuer Phönix zu erstehen, so hoffte Ijob, außergewöhnlich lang zu leben. Dann wechselt das Bild. Wie ein Baum, dessen Wurzeln bis an das Wasser reichen (vgl. Ps 1,3) und dessen Zweige den nächtlichen Tau aufnehmen, lebenskräftig bleibt, so sollte Ijobs Lebenskraft stets neu erstarken. Ein Grundsatz der Lebensweisheit lautete: „Wer nach Gerechtigkeit und Güte strebt, findet Leben und Ehre“ (Spr 21,21). Ijob hatte deshalb guten Grund, fest und zuversichtlich mit stets neu anerkannter Ehre (wörtlich „Gewichtigkeit“) zu rechnen. Ebenso galt ihm der Zuwachs neuer Kraft (zu dieser Bedeutung von „Bogen“ vgl. Gen 49,24) als sicher. Die Lehre vom Tun-Ergehen-Zusammenhang schien durch Ijobs Glück glänzend bestätigt zu sein. Erst als Unglück und Krankheit über Ijob hereinbrachen, gefolgt von Verachtung und Vereinsamung, wurde sein Vergeltungsglaube, den er bis dahin mit den Freunden geteilt hatte, erschüttert.

Zweite Rede: Klage über die gegenwärtige Not (30,1–31)

Verachtet und verspottet (30,1–10)

Das „Jetzt aber“ markiert die Wende von der glücklichen Vergangenheit zur leidvollen Gegenwart. An die Stelle der hoffnungsvollen Lebenserwartung ist die Klage über das notvolle Dasein getreten. Einst begegneten die jungen Leute Ijob ehrfürchtig und zurückhaltend (29,8). Jetzt verspotten sie ihn. Neben ihrem jugendlichen Alter ist es ihre soziale Herkunft, die Ijob ihren Spott als besondere Schmach empfinden läßt. Sie gehören zum Abschaum der Gesellschaft. Ihre Väter hätte Ijob nicht einmal den Wachhunden seiner Herden gleichgestellt. Die asozialen Taugenichtse werden in 30,2–8 näher charakterisiert. Sie sind kraftlose Hungerleider, die außerhalb des Kulturlandes wohnen, wo sie kaum Nahrung finden. In der trockenen Jahreszeit ernähren sie sich von der Salzmelde, die unter Dornsträuchern wächst. Sie essen das Brot der armen Leute. Die Gesellschaft hat sie ausgestoßen. Mit dem Warnruf „Dieb!“ werden sie bei ihren Streifzügen aus dem Kulturland verjagt. Sie hausen in den Höhlen der Felswüste. Unter „Sträuchern“ und „wildem Gestrüpp“ fristen sie ihr Hungerdasein. Verachtet und ehrlos („ohne Namen“) vegetieren sie dahin. Die gesellschaftlich Geächteten lassen Ijob ihre ganze Verachtung spüren. Zum „Spottlied“ (vgl. Klgl 3,14.63) und zur Spottrede (vgl. Ps 69,13) ist er ihnen geworden. Sie schrecken nicht davor zurück, ihm verächtlich ins Gesicht zu spucken (vgl. Jes 50,6).

Der Kraft beraubt (30,11–19)

Wie kam es zu der unheilvollen Wende? Gott hat die „Bogensehne“ (nicht „Seil“) an Ijobs „Bogen“ (vgl. 29,20) gelöst und diesen unbrauchbar gemacht. Ohne Bild: Gott hat Ijobs Lebenskraft durch Krankheit gebrochen. Dies wiederum stiftete das „Gesindel“ (30,8) zum zügellosen Vorgehen gegen den von

Gott Gezeichneten an. In der Bildsprache des Krieges und der Belagerung (vgl. 16,9ff; 19,12) wird geschildert, wie Gott die Krankheit über Ijob gebracht hat. Unheilvolle Mächte („Schar") haben sich erhoben und Ijob mit einem Belagerungsdamm umgeben. Sie haben seinen Weg aufgerissen und unbegehbar gemacht. Keine Hilfe kann mehr zu ihm gelangen. Für ihn selbst gibt es kein Entkommen mehr (19,8). Sie haben Breschen geschlagen, durch die sie eingedrungen und Ijob wie eine Stadt erobert haben. Die Schreckensmächte haben sich auf ihn gestürzt und alles zerstört, was sein Leben lebenswert machte: Ansehen und Glück. „Und jetzt" bleibt Ijob nur das Elend, das seine Lebenskraft („Seele") „zerfließen" läßt. Er kommt sich vor wie ein leeres Gefäß, dessen Inhalt ausgeschüttet wurde (vgl. Ps 22,15). Mit „bohrenden" und „nagenden" Schmerzen setzt die Krankheit ihm zu. Besonders während der Nacht lassen ihn die Schmerzen nicht zur Ruhe kommen. Er spürt die Hand des gewalttätigen Gottes, die ihn wie ein eng anliegendes Kleid umschließt. Er hat Ijob gepackt und wie Abfall in den Staub geworfen.

Von Gott enttäuscht (30,20–23)

Bisher hat Ijob Gott mit der Bitte bestürmt, ihm einen fairen Prozeß zu gewähren. Gott blieb stumm. Jetzt bittet er ihn flehentlich um Hilfe in der Not. Doch der Hilfeschrei bleibt unbeantwortet. Der Freundgott (29,2ff) ist zum Feindgott geworden, der seine ganze Macht aufbietet, um Ijob zu quälen. Wie ein Sturmgott ist er über ihn gekommen. Er hat ihn fortgerissen und zerschmettert. Gott will seinen Tod. Gewaltsam bringt er ihn dorthin, wo alle Menschen sich einfinden: zur Unterwelt. Mit dieser trostlosen Gewißheit sieht Ijob seinem Ende entgegen.

Finsternis statt Licht (30,24–31)

Gott befeindet Ijob. Die Krankheit drängt ihrem gräßlichen Ende zu. Die Menschen verachten ihn. In dieser Lage erwacht das elementare Verlangen nach Leben und Glück. Verzweifelt schreit Ijob nach Rettung. Er zitiert Beispiele seines Verhaltens, die für ihn sprechen und ihm das Recht geben, Gleiches zu erhoffen. Doch kein Mitleid regt sich. Seine Hoffnung wird bitter enttäuscht. Statt Glück („Licht") wird ihm Unglück („Finsternis") zuteil. Wie früher (3,24–26; 7,3–6; 19,13–20) schreit er seine ganze Not heraus. Diesmal in aller Öffentlichkeit. Sein Inneres ist aufgewühlt und kommt nicht mehr zur Ruhe. Er hat seine Selbstbeherrschung verloren. Seine Klagelaute gleichen dem Schreien der Schakale und Strauße. Kurz wird der Anlaß der Klage genannt: die Krankheit. Die Haut wird bereits schwarz und fällt ab (vgl. 18,13). Fieberglut verzehrt den Leib (vgl. Ps 102,4). Trauerrufe und Klageschreie haben das Harfen- und Flötenspiel verdrängt. Die einstige Freude hat sich in Trauer gewandelt.

Dritte Rede: Ijobs Reinigungseid (31,1–34.38–40)

Die Wende vom Glück zum Unglück fordert Ijobs Stellungnahme heraus. Mit einem gewaltigen Eid weist er seine Unschuld nach. Dabei geht es nicht um absolute Schuldlosigkeit. Ijob weiß um sein Eingebundensein in die allgemeine Sündhaftigkeit der Menschheit. Aber er weigert sich, das übergroße Leid als Strafe für schwere Schuld anzuerkennen. Der Eid, eine bedingte Selbstverfluchung für den Fall der Unwahrheit, soll Gott zum Eingreifen veranlassen. Wenn Ijob falsch schwört, muß Gott ihn vernichten. Schweigt Gott weiterhin, dann wäre das bereits ein Beweis für Ijobs Unschuld. So oder so muß jetzt die Entscheidung fallen. In einer Zwölferreihe werden die Sünden aufgezählt, von denen Ijob sich frei weiß. Der Ijobdichter hat eine ursprüngliche Zehnerreihe aufgegriffen, die er am Anfang (31,1–4) und am Schluß (31,38–40) zu einem für Ijob situationsgerechten „Beichtspiegel" erweitert hat.

1. Lüsternheit (31,1–4)

Das negative Bekenntnis beginnt mit dem lüsternen Blick. Ijob hat mit seinen Augen einen „Bund geschlossen", das heißt er hat ihnen die Pflicht auferlegt, sich nicht nach einer Jungfrau umzusehen. Das Auge galt der Lebensweisheit als Sitz der Geschlechtsbegierde (Sir 9,8; 26,9). Das Sehen reizt zur Tat (vgl. Gen 3,6). Betont hebt Ijob auf die sittliche Gesinnung ab und gibt damit seiner „Beichte" das charakteristische Vorzeichen. Nicht nur die Tatsünden, sondern bereits die sündhafte Augenlust hat er sich verboten, denn auch diese entgeht Gott nicht. Was ihn vom Sündigen abgehalten hat, war der Gedanke an Gottes Vergeltung, wie er mit traditionellen Wendungen (vgl. 20,29; 27,13) bekennt. Früher hatte Ijob Gott vorgeworfen, ein gnadenloser Beobachter des Menschen zu sein (7,17–20; 10,13f). Jetzt wendet er diesen Vorwurf zu seinem Vorteil. Der Menschenbeobachter weiß um seine „Wege". Keiner kann Ijobs Unschuld so zuverlässig bezeugen wie Gott selbst.

2. Falschheit (31,5–6)

In dem Anfangseid („Wenn ... dann") bestreitet Ijob, Lug und Trug (nicht

„Betrug“) begangen zu haben. „Falschheit“ meint die Lüge (Ps 12,3) und die wissentlich falsche Aussage (Dtn 5,20). „Hinterlist“ qualifiziert die Lüge als besonders heimtückisch. Ijob beteuert seine Wahrhaftigkeit. Sie ist der tragende Grund seines Lebens. Sie muß offenbar werden, wenn Gott ihn prüft. Die Vorstellung der Prüfung mit Hilfe der Waage findet sich in ägyptischen Texten. Beim Totengericht wird das Herz des Menschen gegen die Maat (Wahrheit) gewogen. Stimmt die Aussage, wurde die genannte Sünde nicht begangen, so bleibt der Waagbalken in Ruhe. Israel hat diese Vorstellung übernommen und als Bild für die unbestechliche Prüfung des Menschen durch Gott verwendet.

3. Begehrlichkeit (31,7–8)

„Weg“ meint den Weg Gottes (23,11), seine Willenskundgabe. Hier dürfte an das neunte Gebot (Ex 20,17) gedacht sein. Ijob hat fremdes Gut nicht begehrt. Er hat der Begierde, die durch das Auge ins Herz drang, widerstanden. Sollte es anders sein, dann soll er mit dem Verlust der Ernte bestraft werden. Der Ertrag der Aussaat soll einem anderen gehören. Die Vorlage des „Beichtspiegels“ läßt den Dichter vergessen, daß Ijob gar nichts mehr besitzt, worüber er verfügen kann.

4. Ehebruch (31,9–12)

Ijob hat sein Herz nicht von einer verheirateten Frau „betören“ lassen, was zum Ehebruch geführt hätte. Er hat nicht auf eine günstige Gelegenheit gewartet, um ungestört Zugang zur Frau seines Nachbarn zu haben. Wer die Ehe bricht, vergeht sich am Eigentum seines Nächsten. Es entspricht alttestamentlichem Rechtsgefühl, daß der Ehebrecher mit seinem Eigentum, wozu auch seine Frau gehört, für das begangene Unrecht haftet. Wenn Ijob versucht hat, in die Ehe eines anderen einzubrechen, dann soll seine Frau für den betrogenen Mann die Handmühle drehen, was als niedrigster Sklavendienst galt (Ex 11,5), und sie soll ihm auch sonst zur Verfügung stehen. Die spätere Weisheit hat den Ehebruch nicht nur rechtlich, sondern auch religiös-ethisch gewertet. Ehebruch wurde mit dem Tode bestraft (Lev 20,10) und mußte als „Schandtat“ und „Verbrechen“ vor Gericht gebracht werden. Die Leidenschaft des Ehebrechers wird mit Feuer verglichen, das bis in die Unterwelt „frißt“, das heißt zum Tod führt. Der Ehebrecher richtet sich mit seinem ganzen Besitz zugrunde.

5. Mißachtung des Rechtes der Sklaven (31,13–15)

Der Sklave war in der Antike weithin rechtlos. Er erhält von seinem Herrn, was er zum Leben braucht. Ein Recht auf Lohn hat er nicht. In einer Zeit, die den Sklaven „wie das Vieh" (G. Fohrer) betrachtete und behandelte, wirkt das israelitische Sklavenrecht auffallend human (vgl. Ex 20,10; 21,2 bis 11.20f.26f; Lev 25,39f; Dtn 12,18; 15,12–18). Trotz der rechtlichen Regelung zog der Sklave im Rechtsstreit mit seinem Herrn leicht den kürzeren. Ijob setzt einen Streitfall mit einem Sklaven oder einer Sklavin voraus. Er beteuert, nicht willkürlich gehandelt und berechtigte Ansprüche nicht achtlos abgetan zu haben. Ein Fragesatz steht an der Stelle der Selbstverwünschung: Wie könnte Ijob sonst vor seinem Richtergott bestehen? Er begründet sein mitmenschliches Verhalten mit dem Hinweis auf den Schöpfergott. Ein und derselbe Gott hat ihn und den Sklaven im Mutterschoß geschaffen. Die Gleichheit des Geschaffenseins fordert die Gleichheit vor dem Recht (vgl. Spr 22,2), das derselbe Schöpfer gesetzt hat. Ein revolutionärer Gedanke damals wie heute!

6. Hartherzigkeit gegen die Armen (31,16–23)

Die Rücksicht auf Arme, Witwen und Waisen gehört zu den Eckpfeilern israelitischer Gerechtigkeit. Ijob hat sich die Mahnung der Propheten (Jes 58,7.10; Ez 18,7) zu Herzen genommen. Er hat das Gebot der Nächstenliebe geübt (29,12f). Die Witwe hat nicht vergeblich auf Hilfe gewartet. Mit dem Waisenkind hat er sein Brot geteilt. Die Einheitsübersetzung scheint 31,18 im Blick auf Gott zu verstehen. Das Verhalten Gottes war für Ijob ein Vorbild für das eigene Verhalten. Eine wahrscheinliche Textkorrektur ergäbe den Sinn, daß Ijob den Armen und Hilflosen wie ein Vater (vgl. 29,16) verbunden war. Von Jugend an war er ihnen in brüderlicher Liebe zugetan. Es ließ ihn nicht ungerührt, wenn er die Armen nur dürftig bekleidet sah. Er hat ihnen geholfen. Die „Lenden" der Armen haben es ihm „gedankt". Sie stehen für die ganze Person, da ihnen vor allem die warme Kleidung zugute kam. Ijob hat seine Stellung und sein Ansehen in der Rechtsversammlung (29,7ff) nicht mißbraucht, um den sozial Schwachen zu bedrohen und ihm Gewalt anzutun. Hätte er das getan, dann soll die strafende Vergeltung seinen Arm treffen, mit dem er gedroht hat. Zugleich symbolisiert der Arm die Kraft, die zur Strafe gebrochen werden soll (22,9; 38,15). Der Gottesschrecken soll über ihn kommen und ihn vernichten. Vor dem heiligen Gott müßte der Sünder Ijob vergehen.

7. Verlaß auf Reichtum (31,24–25)

Der Fluchtpunkt der siebten und achten Sünde liegt in 31,28b: Vertrauen auf Reichtum und Aberglaube verstoßen gegen das erste Gebot des Dekalogs (Ex 20,2f.5a) und führen zum Abfall von Gott. Obwohl reich (1,3), hat Ijob seinen Reichtum nicht zum Götzen gemacht. Sein Vertrauen galt Gott allein. Bei dem ausgeprägten Diesseitsglauben des alttestamentlichen Menschen fällt die kritische Einstellung zum Reichtum auf. Man wußte um die Gefahr, die der Reichtum für das Gottvertrauen mit sich brachte. Ijob ist dieser Gefahr nicht erlegen.

8. Aberglaube (31,26–28)

Im Alten Orient war es weitverbreiteter Brauch, Sonne und Mond als Gottheiten zu verehren. Unter König Manasse (7. Jh.) drang der Gestirnkult auch in Juda ein (2 Kön 21,3ff; 23,5.11). Ijob beteuert, Sonne und Mond nicht in abergläubischer Absicht angeschaut zu haben. Nicht einmal heimlich hat er ihnen Kußhände als Zeichen der Verehrung zugeworfen. Das Gesetz verbot den Gestirnkult unter Todesstrafe, die vom Gericht zu verhängen war (Dtn 17,2–7). Wer die Gestirne verehrt, verleugnet Gott, das heißt, er fällt von ihm ab. Ijob hat das nicht getan.

9. Schadenfreude (31,29–30)

Ijob hat der allzumenschlichen Versuchung, sich über das Unglück des Feindes zu freuen, nicht nachgegeben. Er hat auf die eigene Rache verzichtet und kein wirkmächtiges Fluchwort ausgesprochen. Als Gottes Strafe den Feind traf, hat er keine Schadenfreude in sich aufkommen lassen.

10. Ungastlichkeit (31,31–32)

Gastfreundlichkeit galt dem Orientalen nicht nur als Tugend, sondern als Pflicht (vgl. Gen 18,1–8). Wer sie verweigerte oder verletzte, lud Schuld auf sich (vgl. Gen 19,5–7). Ijobs Hausgenossen können sein gastfreundliches Verhalten bezeugen. Er selbst beteuert, den Fremden, der zu seinem Haus kam, aufgenommen zu haben. Keiner mußte vor der Tür seines Hauses übernachten.

11. Heuchelei (31,33–34)

Die Angst, das eigene Ansehen könnte gemindert werden, verleitet den Menschen leicht dazu, begangene Sünden zu verheimlichen. Wenn Ijob schuldig geworden wäre, hätte er es öffentlich bekannt. Vor der Geringschätzung durch die eigene Sippe wäre er nicht zurückgeschreckt.

12. Ausbeutung des Ackers (31,38–40)
Da die Vergeltung jeweils der Tat entspricht, dürfte sich die Verfehlung, die Ijob für seine Person bestreitet, auf die Nutzung des Ackers beziehen. Er hat sein Ackerland nicht verantwortungslos ausgebeutet, so daß der Acker „schreit" und die Furchen „weinen". Er hat dem Acker die Sorge und Pflege angedeihen lassen, die der göttliche Lehnsherr von ihm erwartete. Wenn er nicht so gehandelt hat, dann soll der Acker Dornen und Unkraut statt Weizen und Gerste wachsen lassen.
Ijob hat seine „Beichte" beendet. Sie hat ihn als „untadelig und rechtschaffen" erwiesen. Er hat nicht nur das Gesetz befolgt, sondern aus religiös-sittlicher Gesinnung „das Böse gemieden" (1,1). Er hat die Voraussetzung für die Wiederherstellung seines einstigen Glücks (29,2) erfüllt. Siegesgewiß schickt er sich an, den letzten Schritt zu tun.

Vierte Rede: Herausforderung Gottes (31,35–37)

Die letzte Rede Ijobs erweckt den Eindruck einer Gerichtsszene. Was der Reinigungseid bereits erwiesen hat, soll jetzt von Gott bestätigt werden. Ijob wünscht, daß Gott ihn „hört" und auf seine Unschuldsbeteuerung „antwortet". Um seinem Unschuldseid Nachdruck zu verleihen, hat er ihn mit seinem „Zeichen" unterschrieben und beglaubigt (Die Einheitsübersetzung übersetzt interpretierend: „Das ist mein Begehr"). Wie die Antwort Gottes ausfällt, steht für Ijob von vornherein fest: Gott wird seine Unschuld anerkennen und sein Glück wiederherstellen. Deshalb fürchtet er die Anklageschrift seines „Gegners" nicht. Der Rechtsgegner, Gott selbst (vgl. 9,3.15f; 10,2.17; 13,3. 18ff; 23,4ff; 27,2), wird keine Gründe anführen können, die sein strafendes Vorgehen gegen Ijob rechtfertigen. Die Anklageschrift wird Ijob nicht niederdrücken. Wie ein Ehrenzeichen wird er sie auf die Schulter heben. Wie einen Siegeskranz wird er sie um seinen Kopf winden. Über jeden seiner Schritte auf dem Lebensweg kann er Rechenschaft geben. Er hat keinen Schritt in die verkehrte Richtung getan. In dem sicheren Bewußtsein seiner Unschuld will er wie ein „Fürst" vor Gott treten. Der Rechtsgegner Gott muß sein Unrecht eingestehen. Er muß Ijob rechtfertigen und dessen Glück wiederherstellen.
Der Dialog hat das Denken der Freunde als falsch erwiesen. Ijob geht von

derselben Denkvoraussetzung aus. Die Vergeltungslehre führt ihn notwendig zu dem Schluß: Gott handelt nicht gerecht, sondern willkürlich. Ijob stellt Gott in Frage. Gott wird mit einer Gegenfrage antworten (38,3ff). Ijob verlangt nach der Begegnung und Auseinandersetzung mit Gott. Die Begegnung mit Gott wird Ijob belehren, daß er genauso irrt wie die Freunde. Der Mensch kann über Gott nicht verfügen. Im Zerbrechen seines Gottesbildes wird Ijob dem lebendigen Gott begegnen.

VII. Die Elihureden (32,1–37,24)

Unerwartet tritt ein neuer Gesprächspartner auf: Elihu. Er hält vier Reden. Dann verschwindet er ebenso spurlos, wie er gekommen ist. Das Urteil Gottes über die Freunde (42,7–9) nennt seinen Namen nicht. Auch zerreißt sein Auftreten den Zusammenhang zwischen der Herausforderung Ijobs (31,35–37) und dem Erscheinen Gottes (38,1). Das spricht für eine spätere Einfügung der Elihureden in das Buch Ijob. Die Problemlösung des Buches hat den Verfasser der Elihureden offensichtlich nicht überzeugt. Er bietet deshalb eine andere Lösung an. Die Frage nach dem Warum des Leids ersetzt er durch die Frage nach dem Wozu. Er entwickelt eine göttliche Leidenspädagogik. Gott will den Menschen durch das Leid nicht vernichten, sondern warnen und zurechtweisen, um ihn so vor dem Untergang zu retten.

Die erste Rede des Elihu (32,1–33,33)

Die Einführung (32,1–5)

Sie begründet das plötzliche Auftreten Elihus. Bisher hat er aus Ehrfurcht vor dem Alter Ijobs und der Freunde geschwiegen. Jetzt muß er reden. Sein Zorn treibt ihn dazu. Gleich viermal wird gesagt, sein Zorn sei entbrannt: gegen Ijob, der sein Gerechtsein behauptet und dadurch Gott als ungerecht hinstellt; gegen die Freunde, die mit ihrer Weisheit am Ende sind und Ijob nicht widerlegen können. Elihu geht es um die Ehre Gottes, die er durch die kühne Selbstbehauptung Ijobs und durch das Versagen der Freunde verletzt sieht. Sein Name „Er ist mein Gott“ verpflichtet ihn.

Elihus Selbsteinführung (32,6–22)

Mit wortreicher Rede begründet Elihu nun selbst sein bisheriges und jetziges Verhalten. Es war die Ehrfurcht vor der Weisheit der Alten, die ihn schweigen hieß. Jetzt hat er seine Meinung geändert. Weisheit ist nicht Sache des Alters, sondern hat ihren Ursprung in Gott, der sie durch seinen Geist dem Menschen mitteilt (32,8.18). Deshalb spielt das Alter in der Frage der Weisheit keine Rolle. Die Vorstellung Elihus von Ursprung und Vermittlung der Weisheit kennzeichnet ihn als Vertreter der jüngeren Weisheit in Israel (Sir 1,1.10; 43,33). Die Weisheitsrede hat die Stelle des Prophetenwortes eingenommen. Wie dieses erhebt sie den Anspruch, gottgewirktes Wort zu sein. Elihu weiß sich von Gottes Wort und Geist erfüllt (32,18). Deshalb tritt er auf wie ein Prophet: „Hört mich an! Verkünden will ich euch mein Wissen“ (32,10). Die

Freunde haben Ijob nicht widerlegt. Sie sind überzeugt, nur Gott könne Ijob in die Schranken weisen. Elihu denkt nicht so. Gott braucht nicht einzuschreiten. Noch gibt es den Gottesmann Elihu, der neue Argumente ins Feld führen kann, gegen die Ijob nicht ankommt. Elihu muß reden, denn der Geist drängt ihn (32,18). Ein mißglückter Bildvergleich soll den prophetischen Zwang veranschaulichen, der auf ihm liegt (32,19). Trotz seiner Erregung will Elihu sachlich und unparteiisch vorgehen.

Die Zusammenfassung der Hauptargumente Ijobs (33,1–13)

Anders als die Freunde redet Elihu Ijob mit Namen an. Das gibt seiner Rede von Anfang an einen persönlichen Klang und schafft die Voraussetzung für ein Gespräch von Mensch zu Mensch. Ijob soll hören (33,1) und antworten (33,5). Er kann den Worten Elihus vertrauen, denn er spricht „lautere Weisheit“ (33,3). Der Geist Gottes, der ihn erschaffen hat, garantiert die Richtigkeit seiner Rede. Das Geschöpfsein verbindet Elihu und Ijob in einer tiefen Solidarität miteinander. Vor Elihu braucht Ijob deshalb keine Furcht zu haben. Die Situation ist völlig anders als Gott gegenüber (9,34; 13,21). In 33,8 kommt Elihu zur Sache. Er greift nicht auf Vorkommnisse in Ijobs Leben zurück, sondern auf Äußerungen des Dialogs, die er summarisch zusammenfaßt. Ijob hatte seine Unschuld beteuert (10,7; 16,17; 23,10; 27,5) und Anklage gegen Gott erhoben, der ihn wie einen Feind behandle (13,24; 19,11). Er hatte Gott vorgeworfen, auf sein Rufen nicht zu antworten (9,16; 19,7; 30,20). Elihu sieht Ijob im Irrtum befangen, wenn er seine Leiden als Handlungen des Feindgottes deutet. Gott kann nicht ungerecht handeln, Ijob kommt zu dem irrigen Schluß, weil er die Absicht Gottes nicht zu erkennen vermag, „denn Gott ist größer als der Mensch“ (32,12b). Mit dieser Feststellung nimmt Elihu die Grundaussage der Gottesrede (38,1ff) vorweg. Wenn der Mensch von sich aus nicht zur Einsicht gelangt, dann kann sie ihm nur durch das Geschenk der göttlichen Weisheit zuteil werden. Elihu nimmt diese für sich in Anspruch. Er kann deshalb das Handeln Gottes richtig deuten.

Antwort aus göttlicher Weisheit (33,14–33)

Ijob hat keinen Grund, sich über das Schweigen Gottes zu beklagen. Gott schweigt nicht, er redet. Es liegt am Menschen, wenn er ihn nicht vernimmt. Er spricht zum Menschen im Traum und im Nachtgesicht (vgl. 4,12–16). In Schreckensträumen warnt er ihn (vgl. 7,14). Die nächtliche Warnung will den Sünder zur Umkehr bewegen und seinen Hochmut brechen, damit er dem

Strafgericht des Todes entgeht. Der warnende Traum kann den Sünder unbeeindruckt lassen. Dann greift Gott zu einem stärkeren Mittel. Er schlägt den Sünder – wie Ijob – mit schmerzlicher Krankheit. Diese Warnung kann der Mensch nicht in den Wind schlagen. Ihre Folgen sind unübersehbar deutlich. Der Leib magert ab. Die Lebenskraft schwindet dahin. Der Weg zum Grab tut sich auf. Das Schicksal des Menschen ist besiegelt, wenn nicht ein Mittlerengel auftritt, der den Weg zur Umkehr zeigt und fürbittend eintritt. Die Umkehr des Sünders („Lösegeld") läßt die Fürbitte wirksam werden. Gott befreit den Menschen von seinem Leiden und schenkt ihm neue Lebenskraft. Ijob soll einsehen, daß Gott ihn nicht vernichten, sondern durch Umkehr sein Leben retten will (Ez 33,11). Das Gebet des Bekehrten wird erhört. Die verlorene Gerechtigkeit erhält er zurück. Öffentlich wird er sich zu seiner Schuld als Grund für die Strafe bekennen und das Danklied für die Errettung anstimmen. Fällt der Mensch erneut in Sünde, wiederholt Gott seine Erziehungsmaßnahme.

Elihu ist überzeugt, daß Ijob kein Gegenargument anführen kann. Deshalb fordert er ihn gönnerhaft auf: „Sprich nur, denn gerne gebe ich dir recht!" (33,33).

Die zweite Rede des Elihu (34,1–37)

Das vorläufige Urteil über Ijob (34,1–9)

Die Gültigkeit der Vergeltungslehre steht für Elihu fest. Darin weiß er sich mit den Freunden eins, auch wenn er dieser Lehre eine andere Ausrichtung gibt. Mit Anspielung auf 12,11 fordert er die Freunde zur gemeinsamen Prüfung der Behauptungen Ijobs auf. Diese werden teils wörtlich (27,2), teils sinngemäß (vgl. 9,21; 10,7; 12,4; 16,17; 23,10; 27,5f) angeführt. Der Streitpunkt liegt in der Aussage Ijobs, von Gott ungerecht behandelt zu werden. Obwohl schuldlos, strafe ihn Gott. Dadurch stelle er ihn, der seine Unschuld beteuert, als Lügner hin (vgl. 16,8). Die maßlose Arroganz Ijobs reizt Elihu zu „heiligem" Zorn. Kurzerhand reiht er Ijob unter die Frevler ein, die Gott so leichtfertig lästern, wie man Wasser trinkt. Die Unterstellung, Frömmigkeit sei nutzlos (34,9), soll das harte Urteil rechtfertigen.

Gottes Herrschaft und Macht (34,10–25)

Mit Nachdruck weist Elihu die Behauptung Ijobs zurück, Gott handle ungerecht: „Fern ist es Gott, Unrecht zu tun" (34,10). Das war Glaubensüberzeugung in Israel von altersher (Gen 18,25). So konnte Gott zum Garant des

Zusammenhangs von Tun und Ergehen werden. Er vergilt einem jeden genau nach seinem Tun. Der Mensch erhält, was er verdient. Wie kann Ijob sagen, er beuge das Recht? Ungerechtigkeit ist mit der Sorge Gottes für seine Schöpfung unvereinbar. Elihu treibt die Beweisführung für Gottes Gerechtigkeit auf der rationalen Ebene voran. Ijobs Verstand muß einsehen, daß Gerechtigkeit wesentlich zu jeder Herrschaft gehört. Fehlt sie, bricht Herrschaft zusammen. Wie kann er dem Weltherrscher die Gerechtigkeit absprechen? Seine Gerechtigkeit besteht in seiner Unparteilichkeit, die kein Ansehen der Person kennt. Schließlich garantiert seine Allwissenheit ein gerechtes Handeln. Vor ihm liegt alles offen (vgl. 31,4). Er braucht den Menschen nicht zu verhören. Er weiß um ihn und sein Tun. Auch ohne Verhör richtet er gerecht.

Gottes Recht (34,26–37)

Gott vollzieht sein Gericht an den Frevlern in aller Öffentlichkeit. Der Notschrei des Verfolgten geht nicht ins Leere, sondern dringt an sein Ohr, und er greift ein. Wenn er aber „sein Gesicht verbirgt“, wenn sein Strafgericht sich nicht kundtut, dann spricht das nicht gegen seine Gerechtigkeit. Was aber, wenn Ijob mit seinen Anschuldigungen recht hätte? Diese Möglichkeit wird ins Auge gefaßt. Dann stünde Gott Ijob gegenüber in Schuld. Er müßte eingestehen, Ijob ungerecht behandelt zu haben. Er müßte um Verzeihung bitten und Besserung versprechen. Ijob müßte ihn über das rechte Handeln belehren. Elihus Beweis der Gerechtigkeit Gottes erweist diese Möglichkeit als absurd. So bleibt nur die Alternative: Ijob hat unrecht. In seinem endgültigen Urteil weiß Elihu sich mit allen Weisen einig. Es klingt hart und grausam. Ijob redet „bar des Wissens“ über die Weltordnung Gottes. Hartnäckig hält er an seinem Vorwurf der Ungerechtigkeit Gottes fest. Er muß deshalb weiter geprüft werden, das heißt leiden, bis er zur Einsicht kommt. Der Schlußsatz begründet dieses Urteil: Der höhnende Ijob „mehrt seine Worte gegen Gott“ (34,37c).

Die dritte Rede des Elihu (35,1–16)

Gottes Erhabenheit (35,1–8)

Vom Nutzen der Frömmigkeit war bereits die Rede (34,9). Jetzt kommt Elihu erneut darauf zu sprechen. Er zitiert Ijob, der seine Schuldlosigkeit als wertlos erachtet, da Gott ihn trotzdem befeindet. Der Mensch mag gut oder schlecht handeln, auf sein Geschick hat das keinen Einfluß. Gott tut, was ihm gutdünkt. Gegen dieses Denken stellt Elihu den Gedanken von der Erhabenheit

Gottes. Was der Mensch tut, berührt den unendlich entfernten Gott nicht. Die Sünde schadet ihm nicht. Das Rechttun nützt ihm nicht. Das Tun des Menschen trifft diesen selbst und seine Mitmenschen.

Gottes Langmut (35,9–16)

Ijob hatte sich bitterlich über die Unterdrückung durch die Frevler beklagt (24,2–12). Elihu hält das laute Schreien der Unterdrückten für zwecklos. Es rührt Gott in seiner Erhabenheit nicht. Auf seine Weltregierung vermag es nicht einzuwirken. Der Mensch müßte das eigentlich wissen, da er von Gott im Unterschied zum Tier „belehrt“ wurde. Statt sinnlos zu schreien, soll der Unglückliche sich seinem Schöpfer anvertrauen, „der Loblieder schenkt bei Nacht“ (35,10b). In Unglück und Not findet das Vertrauen zu Lobliedern auf den hilfsbereiten Gott, der zu seiner Zeit eingreifen wird. Bis dahin gilt es, geduldig zu warten. Ijobs Unkenntnis über die Langmut Gottes läßt ihn frevlerische Reden führen.

Die vierte Rede des Elihu (36,1–37,24)

Gottes gerechte Vergeltung (36,1–14)

Viel hat Elihu bisher geredet. Aber er hat sich nicht verausgabt. „Für Gott“ weiß er noch viel zu sagen. Er wird die Gerechtigkeit des Schöpfers mit neuen Argumenten verteidigen. Er zögert nicht, seine Lehre mit dem Wissen Gottes gleichzusetzen (im Hebräischen liegt die gleiche Ausdrucksweise in 36,4 und 37,16 vor). Elihu dünkt sich wissend wie Gott. Ijob hatte Gottes absolute Macht herausgestellt, die ihn tun läßt, was er will (9,1–13). Elihu sieht diese Macht mit Gerechtigkeit gepaart. Gott hat ein leidenschaftliches Interesse an seinen Getreuen. Mag sein Kommen sich auch verzögern (35,14), zu gegebener Zeit wird er den unterdrückten Gerechten ihr Recht verschaffen. Das Verhalten des Menschen ist für sein Geschick nicht belanglos. Schuld und Unschuld bilden den Maßstab für Gottes Handeln. Das Schicksal der Könige dient als Beispiel. Gott setzt sie ein und läßt sie mächtig werden. Er warnt sie mit Leiden, wenn sie sich stolz und überheblich gebärden. Kehren sie um, wird ihnen neues Glück zuteil. Bleiben sie verstockt, gehen sie dem sicheren Untergang entgegen (vgl. Jes 1,19f). Die Gottlosen werden wie die „Lustknaben“ der sakralen Prostitution mit einem vorzeitigen Tod bestraft.

Der Sinn des Leids (36,15–21)

Was soll das Leid? Darauf antwortet Elihu in 36,15 zusammenfassend: Gott rettet durch das Leid den Menschen. Aus diesem allgemeinen Grundsatz muß Ijob für seine Person die Folgerungen ziehen. Erkennt er sein Leid als göttliche Erziehungsmaßnahme an und kehrt um, dann wird er aus der leidvollen Enge in die Weite eines glücklichen Lebens geführt werden. Trotzt er hartnäkkig der Warnung Gottes, dann wird ihn das Gericht des Frevlers treffen. Der Zorn über sein Geschick soll ihn nicht zu kurzschlüssiger Rede verleiten. Das Zurückschrecken vor dem hohen „Lösegeld", das heißt vor seiner Umkehr, soll ihn nicht zu einem Gottlosen machen, der sich um Gott und seine Willensoffenbarung nicht kümmert. Das Schreien nach Anerkennung seiner Schuldlosigkeit durch Gott richtet nichts aus. Im Gegenteil: es wird das Gericht über ihn bringen, da es seine Widerspenstigkeit offenbar macht. Rettung gibt es für Ijob nur, wenn er sein Leid als Warnung Gottes versteht und umkehrt.

Gottes Größe (36,22–33)

Die Überlegenheit Gottes, ein Lieblingsthema des Elihu (33,12; 34,13; 35,5), wird jetzt breit dargestellt. Souverän übt Gott seine Macht aus. Sie wurde ihm von keinem verliehen. Keiner kann ihn deshalb zur Rechenschaft ziehen. Zur Leidenspädagogik Elihus (33,14ff; 36,9f) paßt die Vorstellung von Gott als Lehrer. Mit diesem Lehrer kann sich keiner messen. Keiner kann ihm „den Weg weisen" oder zu ihm sagen: „Du tust Unrecht" (36,23). Nur im Lobpreis, den Elihu überraschend anstimmt, kommt der Mensch dem fernen und unbegreifbaren Gott nahe. Von den Wunderwerken Gottes erregt vor allem die Entstehung des Regens das Staunen der Menschen. Gott verfügt über die Wasser unter und über der Erde (Gen 1,6–8; 7,10–12). Die Wasser über der Himmelswölbung läßt er durch das Firmament sickern, sich in Wolken sammeln und als Regen auf die Erde fallen. Wenn der im Lichtglanz seiner Herrlichkeit thronende Gott „die Wurzeln des Meeres" zudeckt, das heißt die Wasserkammern des Himmels verschließt, hört es auf zu regnen. Der Regen verbürgt die Fruchtbarkeit der Erde (Ps 104,13–15). Aus den Gewitterwolken zucken aber auch die tödlichen Blitze, die Gott gegen seine Widersacher schleudert.

Das Herrschaftswalten Gottes (37,1–13)

Der Hymnus wird mit der Beschreibung von Naturerscheinungen fortgesetzt, die den antiken Menschen faszinierten und sein Herz erzittern ließen. Dennoch geht es um mehr als um einen Lobpreis auf die Natur. Donner und Blitz, Sturm und Gewitterregen, Eis und Schnee offenbaren das Herrschaftswalten

Gottes: „Daß alle Welt sein Tun erkennt" (37,7b). Dieses sein Tun richtet sich nicht auf die Natur, sondern auf den Menschen. Die Naturerscheinungen dienen als „Zuchtrute" oder als „Erweis seiner Huld" (37,13).

Gottes Wundermacht (37,14–24)

Der Schlußteil der vierten Rede des Elihu leitet deutlich zur Gottesrede (38,1ff) über. Elihu macht einen letzten Versuch, Ijob zur Einsicht zu bringen. Er fordert ihn auf, sich die „Wunder Gottes" genau anzusehen: das Aufleuchten des Blitzes in den Wolken; das Schweben der regenschweren Wolken; die Wölbung der Wolkendecke. Auf die Frage nach dem Wie der geheimnisvollen Naturerscheinungen muß Ijob antworten: Ich weiß es nicht. Sie machen ihm seine Kleinheit vor dem Schöpfer bewußt. Vor seinem Walten verschlägt es dem Menschen die Sprache. Er vermag nichts vorzubringen. Diese Erfahrung müßte Ijob einsichtig machen und zur Umkehr bewegen. Tut sie es nicht, dann bleibt als letzte Möglichkeit nur noch das Erscheinen Gottes, das in 37,21–22 als Lichtglanz aus dem „Norden", dem Sitz der Gottheit (26,7; Jes 14,13; Ps 48,2f), geschildert wird. Trotz seiner Selbstoffenbarung bleibt Gott unbegreiflich und in seiner Macht unfaßbar. Seine „schreckliche Herrlichkeit" zerbricht den Hochmut des Menschen. Macht und Gerechtigkeit bestimmen das Gottesbild des Elihu. Vor diesem Gott geziemt dem Menschen ehrfürchtige Scheu.

Elihu war mit dem Anspruch aufgetreten, neue Argumente gegen Ijob vorzubringen (32,14.17). Er tut es mit der Autorität eines Mannes, der an der Weisheit Gottes teilhat (32,18; 36,4). Tatsächlich hat er eine neue Sicht des Leids eingebracht: Leid ist eine Erziehungsmaßnahme Gottes (33,14ff; 36,15). Elihu versucht, das Problem des Leids verstandesmäßig zu bewältigen. Manche Ausführungen treffen zu. Dennoch bietet er Ijob keine Verstehens- und Lebenshilfe. Wie die Freunde geht er von einer Voraussetzung aus, die nicht zutrifft. Er hält Ijob für schuldig, auch wenn er das Leid nicht als Strafe, sondern als Warnung und Mahnung Gottes versteht. Elihu hat das Ijobproblem nicht gelöst.

VIII. Die Gottesrede und Ijobs Antwort (38,1–42,6)

Die vorliegende Textgestalt der Gottesantwort umfaßt drei Reden. Auf die erste (38,2–39,30) folgt eine auffallend kurze (40,2) und in 40,7–41,26 eine dritte. Ijob antwortet jeweils auf die zweite und dritte Gottesrede (40,4f; 42,2–6). Sachlich schließt die Gottesrede 40,8–14 an 40,2 an. Die Ijobantwort 42,2–6 fügt sich nahtlos an 40,3–5. Die Zerstückelung des Jetzttextes legt die Vermutung nahe, daß durch spätere Einfügung die ursprüngliche Textgestalt verlorenging. Aber nur diese läßt die Aussageabsicht des Ijobdichters erkennen. Eine sachgemäße Auslegung muß deshalb von dem ursprünglichen Text ausgehen, der wahrscheinlich nur eine einzige Gottesrede (38,1.2–39,12.19–30; 40,2.8–14) und *eine* ihr entsprechende Antwort Ijobs enthielt (40,3.4–5; 42,2.3b.5–6). Sekundär eingefügt wurden die „dritte" (in der Einheitsübersetzung „zweite") Gottesrede (40,15–41,26), das Gedicht über den Strauß (39,13–18) sowie die durch Einfügung und Umstellung bedingten redaktionellen Überleitungen 40,6–7 (vgl. 38,3) und 42,1.3a (vgl. 38,2.4).
Wie im gottesdienstlichen Geschehen auf Klage und Bitte der priesterliche Heilsspruch erfolgte (vgl. 1 Sam 1,9ff) und im Gerichtsverfahren auf die bedingte Verfluchung das Gottesurteil erging (vgl. Num 5,12ff), so folgt auf die Herausforderungsreden Ijobs die Gottesrede. Allerdings gibt Gott keine eindeutige Antwort. Er rechtfertigt Ijob nicht. Er spricht ihn aber auch nicht schuldig. Die Gottesrede hat die Form der Streitrede (38,2f; 40,2), die aber die Funktion der Frage ausübt, durch die Ijob des Irrtums überführt werden soll. Ijob wird mit dem Geheimnis der Schöpfung konfrontiert. Dabei bietet der Dichter sein Wissen über die Natur auf, wie es ihm, von der Bildungsweisheit gesammelt und aufgelistet, zur Verfügung stand. Immer wieder wird Ijob an die Grenze seiner Einsicht und seines Könnens gestoßen. Jede Frage läßt ihn spüren, wer er ist bzw. wer er nicht ist. Zugleich lenkt jede Frage die Aufmerksamkeit auf den, der in seinem Wissen und in seiner Macht unbegrenzt ist. In der Begegnung mit dem „ganz Anderen" vollzieht sich das Unerwartete: Ijobs Wandlung.

Zurück zu den Anfängen (38,1–3)

Gott antwortet Ijob nicht in der stillen Stimme des Gewissens, sondern „aus dem Wettersturm", der die Gotteserscheinung begleitet (Ez 1,4; Nah 1,3; Sach 9,14; Ps 50,3). Aber nicht El, nicht Eloah, nicht Schaddai (der Allmächtige), Gottesnamen des Dialogs, sondern Jahwe spricht zu Ijob. Der Gottesname „Jahwe“ („Herr“) stellt Ijob an den Anfang der Geschichte Gottes mit Israel. Als Jahwe, das heißt als „Ich bin, der bei euch da ist“ (Ex 3,14), hatte er sich Mose kundgetan und diesen Namen immer wieder wahr gemacht. Das erste Wort Jahwes führt Ijob an den Anfang der Welt zurück. Damals war die Weisheit Gottes Ratgeber (Spr 8,22–31). Wer ist Ijob, daß er die göttliche Weltordnung („Ratschluß“), Gottes Wollen und Tun in Frage stellt? Ijob irrt, wenn er die sinnvolle Ordnung aufgrund fehlender Einsicht als sinnwidrig und willkürlich erklärt. Die folgenden Fragen und Ijobs Antwort werden unter dem Bild des Ringkampfes dargestellt, zu dem Ijob sich wappnen soll wie ein wehrhafter Mann. Er hat Gott herausgefordert. Gott wird sich ihm stellen. In Rede und Antwort soll die Entscheidung fallen.

Wer hat die Erde gegründet? (38,4–7)
Ijob wird von Gott gefragt, als wäre er der Urmensch, der, vor der Welt geschaffen (15,7), Einsicht in das Geschehen am Anfang hatte (15,8b). Dann wüßte er Bescheid und könnte auf die gestellten Fragen antworten. Aber Ijob ist nicht der Urmensch. Er kann deshalb nicht sagen, wer das Bauwerk „Erde“ entwarf und wer seine Maße festlegte. Er weiß nicht, worauf die Pfeiler der Erde ruhen und wer ihren Eckstein gesetzt hat. Die Entstehung der Erde läßt die Engel in jubelnde Freude ausbrechen. Dem Menschen bleibt sie ein Geheimnis, das er nicht aufzuhellen vermag.

Wer hat das Meer gebändigt? (38,8–11)
Der Jubel der „Gottessöhne“ über das Werden der Erde erinnert den Dichter an den Jubelruf der Götter beim schwer erkämpften Sieg Marduks über den Chaosdrachen „Meer“ in der babylonischen Mythologie. Doch welcher Unterschied! Die überlegene Weisheit Gottes macht jeden Kampf überflüssig. Kaum geboren, bringt er das Meer hinter „Schloß und Riegel“. Wie ein Säugling hat er es in Windeln gewickelt. Drastischer können Gottes Macht und die Ohnmacht des Chaos kaum dargestellt werden. Es genügt das gebietende Wort, das die Grenze festsetzt, die das Meer nicht zu überschreiten vermag (Ps 104,6–9).

Wer führt den Morgen herauf? (38,12–15)
Wie am Anfang der Schöpfung, so führt Gott Tag für Tag den Morgen herauf. Auf sein Wort hin löst der Tag die Nacht ab. Das Frührot kennt genau den Ort, der ihm zugewiesen wurde. Es greift nach der Erde wie nach den En-

den eines großen Tuches, um die Überbleibsel der Nacht abzuschütteln. Das lichtscheue Gesindel versteckt sich in seinen Schlupfwinkeln. Wie das Siegel den weichen Ton verändert, so läßt das Licht die Konturen der Erde neu hervortreten. Die Erde legt das Dunkel der Nacht ab und kleidet sich in bunte Pracht. Die Frevler haben kein Glück. Am Morgen wird ihre Macht zerbrochen.

Wer kennt die Ausmaße des Universums? (38,16–21)

Wiederum, so als wäre er der Urmensch, wird Ijob aufgefordert, einen Bericht über Bereiche unterhalb und überhalb der Erde zu geben, die jenseits menschlicher Erfahrung liegen. Die kanaanäische Mythologie wußte zu erzählen, daß der Schöpfergott El in der kosmischen Tiefe an den Quellen der unterirdischen Flüsse wohne. Wäre Ijob dorthin gelangt, könnte er sich mit Gott messen. Noch tiefer als die Urflut liegt die Unterwelt. Nur Gott kennt sie (26,6). Ihre Tore verwehren Unbefugten den Eintritt und lassen keinen ihrer Bewohner entkommen. Wer dorthin gelangt, kehrt nicht mehr zurück (7,9; 10,21). Ijob könnte nur um den Preis seines Lebens die Unterwelt betreten. Auch auf der Erdoberfläche bleibt dem Menschen vieles unzugänglich und unerforschlich. Der Horizont, über den das Licht des Tages und das Dunkel der Nacht heraufsteigen, bildet für den Menschen eine unüberschreitbare Grenze. Ironisch wird vorausgesetzt, daß Ijob um diese Dinge weiß, die ihm in Wirklichkeit verborgen sind. Angesichts der kosmischen Dimensionen soll er seine Kleinheit erkennen. Wer ist Ijob im Vergleich zu Gott?

Wer bestimmt das Wetter? (38,22–30)

Von der Schöpfung wechselt der Dichter zur Lenkung der Welt. Im Wetter manifestiert sich für den altorientalischen Menschen der Sturmgott. In der Gottesrede gehören die Wettererscheinungen zu dem Bereich, der außerhalb der menschlichen Erfahrung liegt. Der Mensch kennt weder den Ursprung noch den Weg der Wetterelemente. Besonders wunderbar galten Schnee und Hagel. Man dachte sie sich in großen Vorratskammern oberhalb des Firmaments aufbewahrt (vgl. Ps 147,16f). Der Hagel diente Gott als Waffe im Kampf gegen die Feinde (Ex 9,18; Jos 10,11; Jes 28,17; Ps 78,47). Bis zu den „Kammern" von Schnee und Hagel ist Ijob nicht gekommen. Auch kennt er den Weg nicht, der zu der Stelle führt, wo Licht und Wind ihre bestimmten Richtungen einschlagen. Auf den sengenden Ostwind folgt der Westwind, der den Herbst- und Winterregen mit sich führt. Soll der Regen aus den himmlischen Behältern zur Erde gelangen, so muß eine „Rinne“ durch das Firmament gegraben werden. Wiederum muß Ijob eingestehen, daß er das nicht kann. Auch bleibt es ihm wie allen Menschen unverständlich, warum der kostbare Regen in der Wildnis und in der Wüste niedergeht. Ein Geheimnis bleibt schließlich die Herkunft von Reif und Eis.

Wer lenkt die Gestirne? (38,31–34)

Der gestirnte Himmel hat die Menschen von jeher fasziniert (vgl. 9,7ff; Jes 40,26; Ps 8,4). Die Sterne bewegen sich nach dem Gesetz, das Gott ihnen gegeben hat (vgl. Jer 31,35f; 33,25; Ps 148,6). Ijob wird gefragt, ob er die Sterne ihrer Ordnung entsprechend lenken kann. Kann er sie „binden“ oder „lösen“, damit sie feststehen oder ihre Bahn ziehen? Kann er sie zur rechten Zeit aus ihrer Behausung herausführen? Dann könnte er auf ihre Konstellation Einfluß ausüben. Die Sternbilder formen eine Himmelsschrift („Urkunde“), die das Geschehen auf Erden bestimmt. Bei vielen Völkern wurde vor allem das Schicksal des Menschen mit den Sternbildern in Beziehung gebracht. Die Gottesrede denkt an den Einfluß der Sterne auf das Wetter. So wird Ijob denn auch gefragt, ob die Wolken ihm gehorchen und auf seinen Befehl ihre Wassermassen freigeben.

Wer läßt die Gewitter niedergehen? (38,35–38)

Wer kann Blitze schicken außer Gott? Niemand! Ibis und Hahn sind „Wetterpropheten“ (G. Fohrer), die das nahe Gewitter ankünden. Der Ibis war der heilige Vogel des ägyptischen Weisheitsgottes Thot. Wenn er sich zeigte, war mit dem Ansteigen des Nilwassers zu rechnen. Das sprach für seine „Weisheit“. „Einsicht“ ließ nach jüdischer Auffassung den Hahn zwischen Tag und Nacht unterscheiden. Die Wolken, die neben den himmlischen Wasserbehältern (38,25) als Wasserspeicher galten (vgl. 26,8; 36,27f), sind die Vorboten des Regens. In seiner Weisheit hat Gott ihre Zahl festgesetzt. So fällt nicht zuviel und nicht zuwenig Regen. Vor allem sendet Gott den Regen zu der Zeit, da die Erde ihn dringend braucht.

Wer gibt den wilden Tieren Nahrung? (38,39–41)

Der zweite Teil der Gottesrede (38,39–39,30) wendet sich dem Geheimnis der Natur zu. Die Haustiere werden vom Menschen versorgt. Wer aber kümmert sich um die übrige Tierwelt? Sogar die Löwin braucht jemand, der für sie und ihre Jungen sorgt. Nach Ps 104,21 erhalten die jungen Löwen ihre Nahrung direkt von Gott. Hat Ijob das Mitgefühl und die Fähigkeit, für diese Geschöpfe zu sorgen? Neben dem mächtigen Löwen wird der schwache und unbedeutende Rabe genannt. Trotz seiner sprichwörtlichen Freßgier sorgt er für seine hungrigen Jungen. Wer läßt ihn Nahrung finden, wenn nicht Gott (Ps 147,9)? Die Vorstellung von den „Rabeneltern" hat weder im Verhalten dieser Vögel noch in 38,41 und Ps 147,9 eine Stütze.

Wer kennt den Zeitpunkt des Wurfes? (39,1–4)
Zum Geheimnis der Natur gehört die Fortpflanzung der Tiere. Der Dichter wählt als Beispiel zwei Tiere, die als scheu gelten und deren Lebensweise den Menschen verborgen ist: Steinbock und Hirsch. Ijob kennt weder die Zeitspanne, während der sie tragend sind, noch kennt er den Zeitpunkt, da sie ihre Jungen werfen. Die Geburt geht schnell und leicht vor sich. Schnell wachsen die Jungtiere auf und verlassen bald das Muttertier. Der Kreislauf des Lebens beginnt von neuem.

Wer hat das Tier in die Freiheit gesetzt? (39,5–8)
Maultier und Wildesel werden als Beispiel für die Tiere in freier Wildbahn angeführt. Gott, nicht Ijob, hat dem Wildesel die Freiheit geschenkt. Die Steppe südlich des Toten Meeres wurde ihm als Lebensraum zugeteilt. Dort genießt er seine unbändige Freiheit. Er „verlacht" seinen Artgenossen, der sich unter schweren Lasten durch enge Gassen zwängt, angefeuert vom Geschrei des Treibers. Der Wildesel sucht sich selbst sein Futter. Er muß nicht fressen, was ihm von seinem Herrn hingeworfen wird.

Wer bändigt den Wildstier? (39,9–12)
Im Alten Testament gilt der Wildstier als Symbol ungebändigter Kraft (Num 23,22; 24,8). Was lag näher, als die Kraft dieses Tieres dem Menschen dienstbar zu machen? Aber der Wildstier wehrt sich erfolgreich gegen die Zähmung. Er läßt sich nicht wie ein Haustier an die Futterkrippe stellen. Er taugt nicht als Zugtier bei der Ackerbestellung oder beim Einbringen der Ernte.

Der merkwürdige Vogel Strauß (39,13–18)
Diesem Abschnitt fehlt die übliche Frageform. Auch spricht die Schilderung der Straußenhenne nicht für, sondern eher gegen die Größe und Weisheit des Schöpfers. Der Text dürfte deshalb ein späterer Zusatz sein. Der Strauß sym-

bolisiert das Bizarre in der Natur. Die Straußenhenne schlägt zwar mit den Flügeln, fliegt aber nicht. Gedankenlos legt sie ihre Eier in den Sand und läßt sie von der Sonne ausbrüten. Sie „denkt" nicht daran, daß Mensch und Tier sie zertreten können. Offensichtlich ist der Strauß bei der Erschaffung der Vogelwelt zu kurz gekommen. Natürliche Weisheit und schützender Instinkt gehen ihm ab. Dennoch wurde er von Gott nicht vernachlässigt. Die Kraft seiner Beine ersetzt den fehlenden Verstand. Wird der Strauß gejagt, dann läuft er schneller als das Pferd und „verlacht" seine Verfolger.

Wer gibt dem Pferd Kraft und Kampfesmut? (39,19–25)

„Gabst du dem Roß Heldenstärke?" Diese Frage richtet sich wieder an Ijob, der sie wie alle anderen verneinen muß. Nicht Ijob, Gott gab sie. Das Streitroß repräsentiert das kraftvolle und mutige Tier, das unerschrocken in die Schlacht zieht. Seine leichten Sprünge gleichen denen der Heuschrecke. Sein Schnauben jagt den Menschen Furcht ein. Bereit zum Kampf scharrt es ungeduldig auf dem Talgrund. Vor den Waffen, die ihm entgegenstarren, schreckt es nicht zurück. Das Klirren und Blitzen der Waffenrüstung des eigenen Reiters spornen es erst recht an. Ertönt das Signal, stürmt es los und „schlürft" den Boden, das heißt es läuft so schnell, daß es den Boden zu verschlingen scheint. Es wittert geradezu die Schlacht und drückt freudig wiehernd seine Kampfbereitschaft aus.

Wer gibt dem Vogel Instinkt und Flugvermögen? (39,26–30)

Die letzte Frage im Blick auf das Geheimnis in der Natur zielt auf das Fliegen und die Instinktsicherheit der Vögel. Falken und Adler gelten als Beispiel für Vögel, die sich leicht in große Höhen erheben (vgl. Spr 30,19). Hat Ijob den Falken „Einsicht", das heißt den Instinkt verliehen, regelmäßig als Zugvögel nach dem Süden aufzubrechen, um dort zu überwintern? Horstet der Adler auf Ijobs Befehl an steilen Felsen? Geradezu unheimlich mutet dem Menschen der Raubinstinkt der Jungadler an. Wie mächtig muß der sein, der diese Fähigkeit den Vögeln verliehen hat.

Welt und Natur offenbaren Gottes Weisheit und Macht. Dennoch bleibt vieles ein Geheimnis. Ijob spürt die Nähe und das Verborgensein Gottes. Die Fragereihen haben ihm Gottes Erhabenheit und zugleich die eigene Kleinheit bewußt gemacht.

Gott gleich? (40,2.8–14)

Der Schlußteil der Gottesrede setzt sich unmittelbar mit dem Anspruch Ijobs auseinander. Ijob hatte die göttliche Weltordnung in Frage gestellt (38,2). Doch dann wurde der Fragesteller zum Gefragten (38,3ff): Jetzt soll er Antwort geben, wenn er dazu in der Lage ist. Gott klagt ihn nicht der Lüge an. Seine Unschuldsbeteuerung bleibt unwidersprochen. Doch seine Selbstrechtfertigung stellt Gott ins Unrecht. Gott muß schuldig sein, damit Ijob recht behält. Um seinen Anspruch durchzusetzen, maßt er sich das Recht an, über Gott zu urteilen. Das kann er aber nur, wenn ihm in Schöpfung und Natur die gleiche Macht zukommt wie Gott. Dann könnte er die göttliche Königsherrschaft antreten. Er könnte in der Schöpfung machtvoll wirken und in der Geschichte sein gerechtes Tun offenbaren. Er könnte den Stein des Anstoßes, das Glück der Frevler, beseitigen und wie Gott mit seinem Blick die Hochmütigen demütigen (vgl. Jes 2,12.17). In die Unterwelt könnte er die Frevler einsperren. Für Ijob würde gelten, was sonst von Gott gesagt wird: Seine Rechte verschafft ihm den Sieg (Ex 15,6; Ps 20,7; 44,4; 60,7; 74,11). Wenn Ijob „wie Gott“ (40,9a) von Sieg zu Sieg schreitet, wird dieser Gott ihm seine Anerkennung nicht verweigern. Er wird ihn preisen, wie sonst der Mensch Gott lobpreist.

Gott bietet Ijob das „gottlose Gottgleichsein“ (G. Fohrer) an, damit dieser seinen Rechtsanspruch durchsetzen kann. Wird Ijob die Ursünde des Menschen (Gen 3,5) auf sich laden? Oder hat die Gottesrede ihn überzeugt, daß die Widersprüche der Weltordnung für den Menschen zwar uneinsichtig, in Gott aber aufgehoben sind? Dann könnten sie nur in der Gemeinschaft mit Gott gelöst werden. Ijob muß sich entscheiden.

Nilpferd und Krokodil (40,15–41,26)

Die Tierschilderung des Zusatzes paßt weitgehend auf das Nilpferd und das Krokodil. Dennoch wählt der Verfasser keine zoologischen, sondern mythologische Namen: „Behemot“ und „Leviatan“. Beide symbolisieren das mächtige Urchaos, das Gott am Anfang der Schöpfung überwunden hat. Mit dieser Urmacht wird Ijob letztlich konfrontiert, um sich seiner Ohnmacht und Gottes Allmacht bewußt zu werden.

Das Nilpferd (40,15–24)

Das Nilpferd beeindruckt den Menschen durch seine ungeheure Stärke. Diese überrascht um so mehr, da es sich nur von Pflanzen ernährt. Die Beschreibung des Körperbaus macht die Kraft dieses Tieres anschaulich. Sein Schwanz ist dick wie die Zeder. Die Schenkelsehnen gleichen Stricken, die ineinander verflochten sind. Seine Knochen sind hart wie Eisen. In 40,19 tritt der mythologische Hintergrund stärker hervor. Das Urtier erfreut sich zwar einer Sonderstellung in der Schöpfung, steht aber wie alle Tiere unter der Gewalt dessen, der es erschaffen hat (vgl. Gen 3,1). Wie einem Fronherrn dienen ihm die Natur und die übrigen Tiere. Dem israelitischen Weisen schien es unmöglich, das Nilpferd einzufangen. Erst recht gilt dies für Behemot. Nur Gott vermochte ihn zu überwältigen.

Das Krokodil (40,25–41,26)

Das Krokodil ist kein Wassertier wie die übrigen. Es läßt sich nicht wie ein Fisch mit der Angel fangen. Auch alle anderen Fangtechniken bleiben erfolglos. Das Krokodil winselt nicht wie ein Sklave um sein Leben. Es läßt sich nicht zähmen und dient dem Menschen nicht als Haustier oder Spielgefährte. Sein Fleisch läßt sich nicht wie das anderer Tiere auf dem Markt verkaufen. Der Grund dafür liegt in seiner unbezwingbaren Kraft. „Denke an den Kampf!" (40,32). Diese Aufforderung weist über den aussichtslosen Kampf des Menschen mit dem Krokodil auf den urgeschichtlichen Kampf Gottes mit dem Chaosdrachen. Gott allein hat ihn besiegt. – Der Anblick des Krokodils, das bis zu sieben Meter lang wird, jagt dem Menschen Furcht und Schrecken ein, so daß es gar nicht zum Kampf kommt. Läßt der Mensch sich dennoch auf einen Kampf ein, so kann er nur verwundet daraus hervorgehen. Der naturhaften Kraft und Stärke des Krokodils ist kein Mensch gewachsen.

Schuppen und Haut bilden den undurchdringbaren „Doppelpanzer" des Krokodils. Wie geschlossene Tore wirken die aufeinanderliegenden Kiefer. Das Maul ohne Lippen läßt die Zähne furchterregend hervortreten. Festgefügt sind die Schuppenreihen des Rückens. Niest das Krokodil, so bricht sich das Sonnenlicht vielfach in den feinen Wassertröpfchen. Unter dem Wasser leuchten seine Augen wie das Morgenrot. Stößt es den Atem durch die Nüstern, so erweckt das Sonnenlicht, das sich in dem Wasserdunst bricht, den Eindruck von Feuer. Die geballte Kraft des Krokodils läßt alle, die ihm begegnen, vor Furcht und Schrecken „hüpfen". Der fleischige Teil dieses Tieres hängt nicht lose herunter, sondern ist dem Körper fest und straff angefügt. Sein Herz hat die Widerstandskraft und Härte des „unteren Mühlsteins". Läßt sich das gewaltige Tier sehen, erschrecken selbst die „Starken". Die Waffen zerbrechen oder prallen an seinem Schuppenpanzer ab. Das zeigt die alltägliche Erfahrung, die aber zugleich als Chiffre für mythologische Vorstellungen dient. So wissen die Schöpfungsmythen vom Erschrecken der Götter beim Aufbegehren der Chaosmächte zu erzählen. Im Schlamm hinterläßt das Krokodil Spuren, als wäre ein mit spitzen Steinen oder scharfen Messern besetzter Dreschschlitten darübergegangen. Das Meer bringt es zum Brodeln wie einen Salbtopf. Seine Spur im Meer glänzt silbern wie Greisenhaar. Kein Tier kann ihm die Stellung streitig machen, die es im Tierreich einnimmt. Selbst ohne Furcht, fürchtet sich jeder vor ihm.

Ijobs Antwort (40,3–5; 42,2.3b.5–6)

Fragen über Fragen hat Gott an Ijob gerichtet: Weißt du? (38,4.18.21.33; 39,1f). Wirkst du? (38,12.20.31.32.34.35.39; 39,10–12.19.20.26.27). Wer wirkt? (38,5.25.28.36.37; 39,3). Jetzt ist Ijob an der Reihe (38,3b). Wird er antworten? Wird er zugeben: nicht ich, sondern du? Oder wird er behaupten, „wie Gott" (40,9) alles zu wissen und zu wirken? Ijob antwortet auffallend kurz. Er gibt den Rechtsstreit mit Gott auf (40,3–5). Er kann den über alles erhabenen Gott nicht anklagen, auch wenn dessen Tun dem Menschen undurchschaubar bleibt (42,2.3b). Zu dieser Erkenntnis gelangte Ijob in der persönlichen Gottesbegegnung (42,5–6).

„Ich lege meine Hand auf meinen Mund" (40,3–5)

Ijob gibt auf. Die Fragen Gottes kann er nicht beantworten. Vor dem allweisen und allmächtigen Gott verstummt er. Er wird sich seiner Kleinheit und Nichtigkeit bewußt, wie einst Jakob (Gen 32,11), Mose (Ex 3,11), Jesaja (Jes 6,5) und Jeremia (Jer 1,6), als sie dem lebendigen Gott begegneten. Die neue Wirklichkeitserfahrung macht alle Ansprüche Gott gegenüber zunichte. Was Ijob befürchtet hatte (9,3), ist eingetreten. Er vermag Gott nicht zu widersprechen. Aber nicht der zornige und aufbegehrende Ijob des Dialogs „legt die Hand auf den Mund", sondern der gedemütigte Ijob, der um die Grenzen seines Menschseins weiß. Diese Grenzerfahrung eröffnet ihm einen „neuen Weg zu und mit Gott" (G. Fohrer). Mit der weisheitlichen Redeform des Zahlenspruchs bekennt Ijob, Gott angegriffen zu haben. Seine Selbstgerechtigkeit und Selbstsicherheit hatten ihn blind gemacht für die Situation des Menschen vor Gott. Er war überzeugt, Gott gegenüber einen Rechtsanspruch zu haben, den er durchsetzen müsse. Jetzt erkennt er seinen Irrtum. Ijob ist fest entschlossen, seine bisherige Haltung aufzugeben. Anklage, Unschuldsbeteuerung und Gerechtigkeitsforderung verstummen für immer.

„Ich hab' erkannt" (42,2.3b)

Ijobs Wortbekenntnis von Gottes Weisheit und Macht (12,13) ist nun durch persönliche Erfahrung gedeckt. Gott hat sich an Ijob herangefragt und ihm sein geheimnisvolles Anderssein kundgetan. An Gottes Macht hatte Ijob nicht gezweifelt, wohl aber an seiner Weisheit. Erst in der Gottesbegegnung ging sie ihm auf. Vieles übersteigt menschliches Verstehen (vgl. Ps 131,1; 139,6; Spr 30,1–3). Es erscheint deshalb widersprüchlich und sinnlos, obwohl es von Gottes sinnvollem Wollen und Tun bewirkt wird. Ijob hat in seinem leidvollen Geschick nur Sinnlosigkeit erkennen können. Es fehlte ihm die Einsicht aufgrund einer tiefgreifenden Gotteserfahrung. Er hat deshalb töricht geredet (38,2). Jetzt weiß er um die Weisheit Gottes, dem er sich mit all seinen Fragen rückhaltlos anvertrauen kann, auch wenn ihm sein Leid ein unlösbares Rätsel bleibt.

„Mein Auge hat dich geschaut" (42,5–6)

Die weisheitliche Vergeltungslehre machte Gott zum Garanten des Zusammenhangs von Tun und Ergehen. Als der gerechte Vergelter hat er das Gute zu belohnen und das Böse zu bestrafen. Der Mensch war der Versuchung erlegen, sich von Gott ein Bild zu machen nach eigenem Bild und Gleichnis. Ijob kannte diese Gottesvorstellung vom „Hörensagen" und er hatte sie mit den Freunden bis zu dem Tag geteilt, da die Gottesbegegnung dieses Bild zerbrechen ließ. Das Schauen des Auges meint nicht die bloß sinnenhafte Wahrnehmung, sondern „die Begegnung im personalen Sinn, die eine vertraute Gemeinschaft wirkt" (G. Fohrer). Was Ijob so leidenschaftlich herbeigesehnt hat (19,25–27), ist Wirklichkeit geworden. Dennoch kam alles ganz anders als erwartet. Äußerlich bleibt alles wie bisher. Ijob sitzt nach wie vor auf dem Schutthaufen. Gott rechtfertigt ihn nicht vor aller Welt, wenn auch sein Erscheinen für Ijob spricht. Die abscheuliche Krankheit wird nicht geheilt. Und doch hat sich etwas Unbegreifliches ereignet. Der von Ijob gelästerte und herausgeforderte Gott neigt sich zu ihm herab und läßt ihn seine Nähe spüren. Ijobs Leben wird auf ein neues Fundament gestellt: die Gemeinschaft mit Gott. Sie läßt ihn sein Schicksal ertragen, auch wenn Gottes Handeln ihm undurchschaubar bleibt. Ijob hat zu seinem inneren Glück gefunden (vgl. Ps 73,25–28).

Die Gottesbegegnung führt zu Ijobs Umkehr. Er verwirft, was er, irregeführt von der Vergeltungslehre, gesagt hat, und bereut es („atmet auf") in „Staub und Asche" (vgl. Jes 58,5; Ez 27,30; Jona 3,6). Gott hat Ijob scharf an seine Grenzen erinnert. Am Ende steht Gott noch größer und der Mensch noch kleiner da. Angesichts der Wirklichkeit findet Ijob zur „Demut des Realisten" (E. Würthwein), die ihn die rechte Haltung des Menschen vor Gott einnehmen läßt.

IX. Der Epilog (42,7–17)

Mit dem Epilog tritt die Rahmenerzählung wieder hervor, die hier wie im Prolog literarisch nicht einheitlich ist (s. Einleitung). Zur alten Ijoblegende (Grunderzählung) gehört die Erzählung vom Besuch der Brüder, Schwestern und Bekannten (42,11) sowie die Erzählung von der Wiederherstellung von Ijobs Glück (42,12–15). Zur jüngeren Erzählschicht (Erweiterung) gehören das Urteil Gottes über die Freunde (42,7–9), die Wiederherstellung von Ijobs Gesundheit (42,10a) und der Hinweis auf die Verdoppelung seines Besitzes (42,10b). Zu dieser Schicht dürfte auch die abschließende Bemerkung 42,16f gehören, die verwandte Züge mit Aussagen der Priesterschrift (6. Jh.) aufweist (vgl. Gen 5,7.10.13).

Das Urteil Gottes über die Freunde (42,7–9)

Gott wendet sich in direkter Rede an Elifas, den Hauptredner der Freunde. Ihm und seinen beiden Gefährten wird das göttliche Strafgericht angedroht. Sie haben „nicht recht" von Gott gesprochen und dadurch Schuld auf sich geladen. Ijob wird bescheinigt, Richtiges gesagt zu haben. Dieses Urteil klingt nach 38,2; 40,2.8–14 merkwürdig. Es dürfte sich ursprünglich auf andere Reden Ijobs und der Freunde innerhalb der Ijoberzählung bezogen haben, die bei der Einfügung des Dialogs verlorengingen. Dennoch wurde bei der Endfassung der Dialog der Dichtung unter dieses Urteil gestellt. Nicht ohne Ironie wird festgestellt, daß die gotteslästerlichen Reden des aufbegehrenden Ijob der Wahrheit näher gekommen sind als die orthodoxen Lehren der Freunde (vgl. 13,6–12). Gott läßt Gnade vor Recht ergehen. Er weist den Freunden einen Weg zur Versöhnung. Sühnopfer und Fürbittgebet sollen das gestörte Gottesverhältnis wiederherstellen. Der von den Freunden geschmähte Ijob soll als Knecht Gottes fürbittend für sie eintreten und das Strafgericht abwenden.

Ijobs Wiederherstellung (42,10–17)

Die beiden Szenen des Epilogs werden durch 42,10 miteinander verknüpft. Ijob hat durch die Fürbitte für die Freunde seine innere Umkehr äußerlich kundgetan. In der Konsequenz der alten Legende lag die Wiederherstellung als Belohnung für die Bewährung im Leid. Jetzt erscheint sie als Antwort Gottes auf Ijobs Umkehr, die sich aber vom Umkehrverständnis der Freunde radikal unterscheidet und das Leid nicht als Strafe für Schuld anerkennt. Gott wendet sich Ijob huldvoll zu und stellt seine Gesundheit und sein Glück wieder her. – In der ursprünglichen Fassung der Legende kamen die Verwandten und Bekannten, um Ijob in seinem Unglück zu trösten und ihn in seiner Not zu unterstützen (42,11). Im Lichte der Wiederherstellung wird ihr Besuch zu einem festlichen Ereignis. Was in 42,10b angekündigt wurde, wird in 42,12–15 geschildert. Der Viehbestand wird gegenüber früher (1,3) doppelt ersetzt. Nicht verdoppelt wird der Kindersegen. Wie vor dem Unglück werden Ijob sieben Söhne und drei Töchter geboren. Nur die Töchter werden mit Namen genannt, die ihre auffallende Schönheit und Anmut hervorheben. Auch erhalten die Töchter entgegen der gesetzlichen Regelung (Num 27, 1–13) mit ihren Brüdern einen Erbanteil. Mit der Wiederherstellung beginnt Ijobs Leben von neuem. Dauert sonst das Leben für gewöhnlich siebzig Jahre (Ps 90,10a), so wird seine Lebenslänge nach dem Unglück um das Doppelte verlängert. Unter dem Segen Gottes lebt er glücklich in der Großfamilie und sieht Kinder und Kindeskinder. Friedvoll klingt sein Leben aus.

Das Buch Ijob – Wegweisung für den Christen?

DIE IJOBFRAGE AUS NEUTESTAMENTLICHER SICHT

In seinem jüngst erschienenen Ijobkommentar stellt F. Hesse fest: „Das Buch Hiob kann in der Art, wie es seine Fragen stellt und zu beantworten versucht, keine Wegweisung für rechten christlichen Glauben geben". Die Ijobfrage, warum der Gerechte leiden müsse, habe im Christenglauben ihr Fundament verloren. Denn einmal sei die Aufteilung in „Fromme" und „Gottlose" sinnlos geworden, da gerade der Christ um seine Gottlosigkeit wisse. Wenn er dennoch die Ijobfrage stelle, dann habe er noch nicht erfaßt, welch große Schuld ihn von Gott trennt. Zum anderen hätten die Vergeltungskategorien ihre Gültigkeit verloren. Ein glückliches Leben gelte nicht mehr als Lohn für Frömmigkeit. Leid könne nicht mehr als Strafe für Gottlosigkeit angesehen werden. Unverdient werde der Gottlose von Gott gerechtfertigt und mit dem Heil beschenkt, wobei Heil aber nicht mit einem glücklichen Leben gleichzusetzen sei. Für den Christen sei die Ijobfrage deshalb illegitim.

Wer eine Frage als illegitim erklärt, schafft sie damit nicht aus der Welt. Das gilt auch für die Ijobfrage. Aller theologischen Belehrung zum Trotz meldet sie sich im Leben des Christen immer wieder zu Wort, wenn diesen schweres Leid trifft. Bietet das Buch Ijob dem *Christen* eine Antwort?

F. Hesse scheidet alle Antworten aus, die vom Vergeltungsdenken herkommen. Einzig die Antwort, die Elifas beiläufig und Elihu ausführlich auf die Frage nach dem Sinn des Leids geben, läßt er für den Christen gelten. Nur dieser Lösungsversuch, der im Leid den erzieherischen und läuternden Charakter sieht, könne „den Anspruch auf bleibende Geltung auch für Glauben und Ethos des Christen erheben". Hierbei muß allerdings berücksichtigt werden, daß Elifas und Elihu das Leid nicht als Läuterung des Frommen, sondern als Mahnung und Warnung Gottes betrachtet, wodurch der Frevler zur Umkehr geführt werden soll. So hilft diese Antwort dem Christen, wenn überhaupt, nur zum Teil weiter.

Orientierung im Vorläufigen

In „Widerstand und Ergebung" schreibt D. Bonhoeffer zum Umgang des Christen mit dem Alten Testament: „Wer zu schnell und zu direkt neutestamentlich sein und empfinden will, ist m.E. kein Christ ... Man kann und darf das letzte Wort nicht vor dem vorletzten sprechen. Wir leben im Vorletzten und glauben das Letzte". Wer das Buch Ijob „zu schnell und zu direkt" aus der Sicht des Neuen Testaments angeht, läuft Gefahr, dem Buch und seiner Bedeutung für den Christen nicht gerecht zu werden. Diese erschöpft sich nicht darin, wie Fragen gestellt und beantwortet werden. Die Ijobdichtung ist aus gelebtem Leben hervorgegangen und spiegelt einen Lernprozeß im Glauben, der die ganze menschliche Existenz erfaßt.

Am Anfang teilt Ijob mit seinen Freunden die „moralische Gottes- und Weltansicht" (H. Zahrnt). Gott belohnt den Guten und bestraft den Bösen. Er lenkt den Lauf der Welt nach dem Gesetz der Vergeltung, das die Ordnung der Welt garantiert. Der Widerspruch zwischen Glauben und Wirklichkeit schreckt Ijob aus seiner selbstverständlichen Gottes- und Weltanschauung auf. Angesichts des Leids, das ihm widerfährt, versteht er Gott und die Welt nicht mehr. Da er sich keiner Schuld bewußt ist, die derart großes Leid verdient hätte, sucht er den Grund für sein leidvolles Leben in Gott. An die Stelle seiner Gerechtigkeit muß sein Zorn getreten sein. Der Freundgott ist ihm zum Feindgott geworden, der ihn aus unerklärlichen Gründen vernichten will. Ijob steht gegen Gott auf und fordert ihn vor die Schranken des Gerichts. Er will Gott in die Knie zwingen, um sein Recht zu bekommen. Gott soll vor aller Welt erklären, daß Ijob schuldlos leidet.

Ijob fühlt sich dem Willkürgott ausgeliefert, der mit ihm macht, was er will. Wenn göttliche Willkür das Leben bestimmt, dann ist das Leben sinnlos geworden. „Wozu Licht für den Mann, dessen Weg verborgen ist, den Gott von allen Seiten einschließt?" (Ijob 3,23). Ijob sucht verzweifelt nach einem letzten Halt, den er nicht findet. Er kämpft gegen den Gott, auf den er seine ganze Hoffnung setzt. Er flieht vor dem Gott, nach dem er sich zutiefst sehnt. Er läßt sich vom Zweifel an Gottes Gerechtigkeit mitreißen und schenkt zugleich diesem Gott sein Vertrauen. Glaube und Unglaube, Verzweiflung und Zuversicht, Aufbegehren und Resignation stehen hart nebeneinander.

Im Gegensatz zur Ijoberzählung kennt die Ijobdichtung kein „happy end". Am Ende sitzt Ijob wie am Anfang in der Asche und schabt mit einer Tonscherbe den Eiter von seiner Haut. Und doch ist es nicht derselbe Ijob, der da sitzt. Ijob hat Gott herausgefordert und Gott hat sich auf ihn eingelassen. In der Gottesbegegnung zerbricht Ijobs „moralische Gottes- und Weltansicht". Er findet zum lebendigen Gott.

Die Frage, warum der Gerechte leiden muß, wird nicht beantwortet. Das Leid bleibt ein Geheimnis, das rational nicht zu erhellen ist. Aber Ijob kann jetzt mit seiner Frage leben, ohne daran zu zerbrechen. „Jetzt aber hat mein Auge dich geschaut" (Ijob 42,5b). „Es mag Erfahrene geben, die dessen inne sind, was diese Worte meinen. Wer es aber nicht erfuhr, wird wahr und letztlich wissenschaftlich darauf verzichten, in umschreibenden Worten zu kramen und so zu tun, als wüßte er, das Unsagbare doch sagbar zu machen" (F. Stier).

Wenn die Ijobfrage sich im Leben des Christen hartnäckig stellt, dann zeigt dies, daß Ijobs schmerzhafter Lernprozeß im Glauben bleibende Aktualität besitzt – auch für den Christen.

Verzeichnis der hauptsächlich benutzten Literatur

Der Auslegung liegt die Einheitsübersetzung der Heiligen Schrift: *Das Alte Testament*, Katholische Bibelanstalt GmbH, Stuttgart, zugrunde. Wenn im Rückgriff auf den Urtext eine abweichende Übersetzung geboten oder vorausgesetzt wird, so ist dies stets vermerkt.

G. Fohrer, Das Buch Hiob (Kommentar zum Alten Testament XVI) Gütersloh 1963.

Ders., Studien zum Buche Hiob, Gütersloh 1963.

N.C. Habel, The Book of Job, Cambridge 1975.

F. Hesse, Hiob (Zürcher Bibelkommentar) Zürich 1978.

G. Hölscher, Das Buch Hiob (Handbuch zum Alten Testament 1/17) Tübingen ²1952.

F. Horst, Hiob (Biblischer Kommentar Altes Testament) Neukirchen ³1974.

E. Kutsch, Hiob: leidender Gerechter – leidender Mensch, in: Kerygma und Dogma 19 (1973) 197–214.

G. von Rad, Weisheit in Israel, Neukirchen 1970

F. Stier, Das Buch Ijjob, Hebräisch und Deutsch, München 1954.

A. Weiser, Das Buch Hiob (ATD 13) Göttingen ⁵1968.

E. Würthwein, Gott und Mensch in Dialog und Gottesreden des Buches Hiob, in: Wort und Existenz. Studien zum Alten Testament, Göttingen 1970.